MANUEL DES CHAKRAS

**Shalila SHARAMON
et Bodo J. BAGINSKI**

MANUEL DES CHAKRAS

De la Théorie à la Pratique

Traduit de l'allemand par Peter SCHMIDT

13ᵉ Édition

Librairie de Médicis

© by Schneelöwe Verlagsberatung & Verlag
Published by arrangement with Schneelöwe
Verlagsberatung & Verlag D-87648 Aitzang/Germany
Titre Allemand : « Das Chakra Handbuch »
© Édition française : Éditions Librairie de Médicis, 2002
204, boulevard Raspail, 75014 Paris
Tous droits de reproduction et de traduction réservés.
ISBN 2.85327-169-2

SOMMAIRE

Prologue	7
Le système énergétique et le corps subtil de l'homme	9
Fonction et rôle des chakras	25
Les cycles évolutifs de l'homme selon les enseignements relatifs aux chakras	37
La formation de blocage dans les chakras	47
Comment se libérer des blocages	59
Comment reconnaître le chakra bloqué	69
Chakras et sexualité	81
Premier chakra	89
Deuxième chakra	101
Troisième chakra	111
Quatrième chakra	123
Cinquième chakra	135
Sixième chakra	147
Septième chakra	159
Comment comprendre les équivalences astrologiques	169
Comment purifier et activer les différents chakras	171
Chakras et respiration	207
Ckakras et massage des zones réflexes	211
Exercices physiques pour libérer les énergies bloquées	215

Transmission de l'énergie vitale universelle... 218
Voyage mental à travers les chakras 225
Épilogue et remerciements 235
Tableaux 237

PROLOGUE

Chaque homme, à telle ou telle période de sa vie, se pose inévitablement la question : « Qui suis-je ? », « Quelles sont les forces qui agissent en moi ? », « Quelles sont les ressources qui se cachent encore en moi ? » et « Comment pourrais-je accéder à toutes mes potentialités de bonheur et de créativité ? ».

Nous sommes bien convaincus qu'aucune de ces questions ne peut trouver de réponse satisfaisante où que ce soit, sauf si cette réponse vient des fondements de la connaissance des centres énergétiques propres à l'homme. Si nous parvenons à comprendre les objectifs et le fonctionnement des chakras dans toute leur ampleur, nous y découvrirons alors une image de l'homme si fascinante et majestueuse dans son potentiel de perfection que nous regardons – avec moult étonnement – ce miracle de la Création.

Identifier et utiliser les possibilités latentes de l'homme est l'un des objectifs de ce livre.

Pour utiliser vos chakras avec efficacité, vous n'avez nul besoin d'être clairvoyant ou particulièrement sensible. Pourtant vous pouvez vous-même constater combien, en ce qui concerne les plans subtils, votre sensibilité est en mesure de connaître une progression fulgurante. Des portes s'ouvriront également à la compréhension de certains phénomènes, qui, pour le moment, n'existent que sous forme de connaissances ou d'expériences isolées.

Activer et harmoniser nos chakras apparaît aujourd'hui en effet d'une telle simplicité que l'on peut se convaincre qu'autrefois, mystère et complexité entouraient volontairement cette technique. Ainsi les hommes n'étaient pas enclins à sous-estimer leur valeur profonde et seuls quelques initiés les transmettaient d'une génération à l'autre.

Manuel des Chakras

Dans ce livre, vous trouverez la description de la forme et du fonctionnement de chacun des chakras, ainsi que quelques exercices pratiques et faciles pour harmoniser vos centres énergétiques. Nous avons sélectionné diverses techniques capables d'engendrer une stimulation tout en douceur et une libération des blocages de vos chakras. Peu importe, parmi les méthodes proposées, celle que *vous* choisirez ; la seule chose qui compte vraiment est que vous *commenciez,* car il s'agit ici de *votre* accomplissement ici-bas, dans l'*ici et maintenant.*

Souhaitons que vous trouviez, en parcourant ce livre et en recourant aux thérapies indiquées, autant d'amour et de respect pour les Lois de la vie que nous, qui avons accompli cette expérience pour la bonne cause.

Shalila et Bodo J.

LE SYSTÈME ÉNERGÉTIQUE ET LE CORPS SUBTIL DE L'HOMME

La plupart des gens ont tendance à considérer le monde de la matière et, par conséquent, le corps physique, comme une simple réalité parce que c'est la seule que les sens physiques et le mental rationnel soient capables d'entrevoir. En revanche, l'observateur clairvoyant découvre, en regardant un homme, une multitude de structures d'énergies, de mouvements énergétiques, de formes et de couleurs gravitant autour de ce corps physique.

Si vous faites partie de ceux qui n'acceptent pour seule réalité que celle du corps matériel, réfléchissez un peu pour essayer de comprendre ce qui peut bien se passer – au moment de votre mort – de toutes ces énergies, ces forces vivantes qui animaient votre corps physique et lui donnaient sensations et expressions. Les lois de la physique veulent que l'énergie ne puisse jamais se perdre dans l'univers; qu'elle ne puisse être que transformée. L'énergie active, existant derrière cette apparence matérielle donnée par le corps humain doté de fonctions et de capacités, se compose en fait d'un système énergétique très complexe à défaut duquel notre corps physique ne pourrait pas exister. Ce système énergétique est essentiellement formé de trois éléments fondamentaux :

1) Les corps subtils ou corps énergétiques,
2) Les chakras ou centres énergétiques,
3) Les nâdis ou canaux énergétiques.

Dans ce système, les nâdis sont comparables à diverses sortes d'artères subtiles. Le mot « nâdi » vient du sanscrit et signifie le tuyau, le réceptacle ou la veine. Leur rôle consiste à véhiculer le prâna ou énergie vitale à travers le système énergétique subtil.

Manuel des Chakras

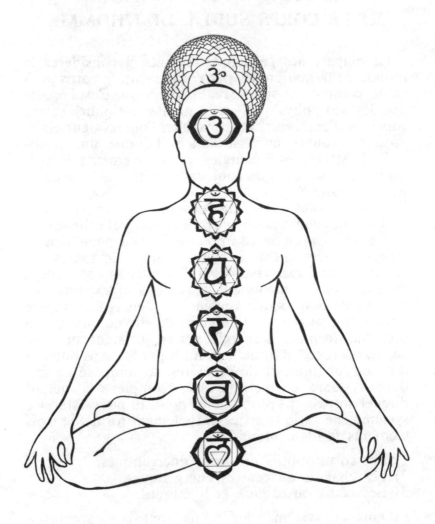

Le système énergétique et le corps subtil de l'homme

On peut traduire le terme sanscrit «prâna» par «énergie absolue». Dans les contextes chinois et japonais, on parle de «chi» ou de «ki» pour désigner cette forme universelle. Elle est à l'origine de toutes les formes énergétiques et se manifeste à travers des fréquences particulières selon les différents plans existentiels. Elle peut par exemple se manifester par la respiration, nous permettant, entre autres, d'assimiler le prâna. Le niveau de conscience de chaque forme vitale dépend des fréquences prâniques qu'elle est capable d'assimiler et de stocker. Par exemple, chez les animaux, ces fréquences seraient plus basses que chez l'homme, et, chez un homme accompli, elles seraient plus élevées que chez un être se trouvant encore à la phase primaire de son évolution.

Les nâdis du corps énergétique sont reliés par les chakras aux nâdis du corps énergétique voisin. Dans les textes indiens et tibétains anciens, on parle de 72 000 nâdis; d'autres écritures anciennes parlent même de 350 000 nâdis. Les canaux énergétiques les plus importants sont Sushumnâ, Idâ et Pingalâ que nous allons traiter plus en détail dans le chapitre suivant. Les Chinois et les Japonais utilisent un système similaire de canaux énergétiques qu'ils appellent les méridiens. (La connaissane de ces méridiens est la base de l'acupuncture.)

Dans le système énergétique humain, les chakras reçoivent, transforment et distribuent les différentes fréquences prâniques. Les énergies vitales sont captées directement par les chakras ou à travers les nâdis, lesquels puisent les énergies soit dans le corps énergétique subtil de l'homme, soit dans son environnement, soit dans le cosmos ou encore dans toute source à l'origine de toute manifestation. Les chakras les transforment ensuite en fréquences nécessaires aux divers plans du corps physique ou du corps subtil, afin de les maintenir et de les développer : la jonction entre les chakras et ces différents corps s'établit à travers les canaux énergétiques. Dans le même temps, les chakras

11

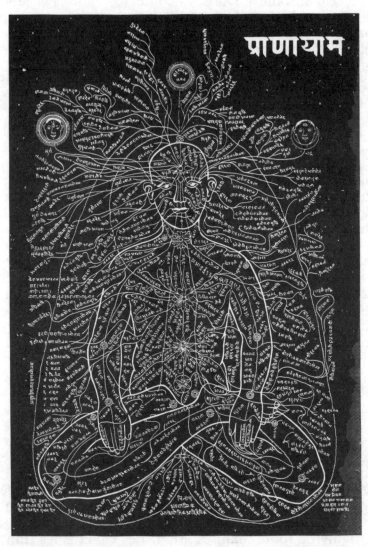

Ce tableau montre une représentation tibétaine des chakras et des nâdis. A côté des sept chakras principaux, on peut différencier de multiples chakras secondaires, et un immense tissu de fins canaux énergétiques, les nâdis. Dans certains textes anciens, on parle de 350 000 nâdis, porteurs d'énergie cosmique. Ces nâdis sont concentrés en 14 nâdis principaux en rapport avec les chakras.

irradient l'énergie tout autour d'eux. Grâce à ce système énergétique, l'homme peut communiquer avec les forces actives situées à tous les niveaux de son environnement, de l'univers et des sources de la Création. Les chakras sont en étroite corrélation avec les corps énergétiques. Nous commencerons donc par la description de la forme et des tâches de ces corps. – La description générale des chakras sera donnée dans le chapitre suivant et la présentation détaillée des rôles de chaque centre énergétique fait l'objet des sept chapitres traitant des différents chakras.

De façon générale, on différencie quatre corps énergétiques :

1) Le corps éthérique,
2) Le corps émotionnel ou corps astral,
3) Le corps mental,
4) Le corps spirituel ou corps causal.

Chacun de ces corps subtils dispose de sa propre fréquence vibratoire. Le corps éthérique, le plus proche du corps physique, vibre dans la fréquence la plus basse. Les fréquences des corps astral et mental sont légèrement plus élevées et le corps causal est celui qui a la vibration la plus haute.

Chacun de ces corps peut ressembler à une danse d'énergie au sein de sa propre vibration, dont les fréquences augmentent au fur et à mesure de l'évolution de l'homme. Au regard de leurs différents plans vibratoires, les corps énergétiques correspondent à des niveaux de conscience. Dès que la fréquence énergétique augmente, elle apporte à l'homme davantage d'énergies vitales, de sensations et un surcroît de connaissances dans le cadre de ses tâches spécifiques.

Les différents corps énergétiques ne sont pas isolés les uns des autres, mais s'interpénètrent, alors que chacun continue de vibrer avec sa propre fréquence. Un être clairvoyant ne parvient à les différencier qu'en adaptant les capacités de sa vision à chaque sphère concernée. Ainsi, pour qu'il puisse voir le corps astral, il faut que sa vision se concentre sur le plan astral ; s'il veut voir le corps mental, il doit se concentrer sur le plan mental, etc.

Le corps éthérique

Le corps éthérique correspond à peu près, en forme et en volume, au corps physique. C'est pourquoi on peut trouver des termes comme « le double éthérique » ou « le corps physique intérieur ». Il est porteur des puissances créatrices du corps physique ainsi que de la force vitale et créatrice et de toutes les émotions physiques.

A chaque incarnation de l'homme, le corps astral se forme de nouveau pour se désintégrer entre trois et cinq jours après la mort physique. (Les corps astral, mental et causal continuent d'exister après la mort et intègrent un nouveau corps physique à chaque nouvelle incarnation.)

Le corps astral, par le chakra du plexus solaire, capte les énergies vitales du soleil et, par le chakra-racine, celles de la terre. Il stocke ces énergies dans le corps physique pour les répandre, à travers chakras et nâdis, sous la forme de courants vitaux permanents. De ces deux formes d'énergies dépend l'équilibre des cellules du corps. « La soif énergétique » de l'organisme une fois rassasiée, l'énergie superflue rayonne vers l'extérieur à travers les chakras et les pores de la peau. Elle s'échappe en revêtant l'aspect de fils énergétiques raides pouvant mesurer jusqu'à 5 cm ; ces fils constituent l'aura éthérique que peuvent percevoir des êtres clairvoyants comme la première partie de l'aura intégrale. Ces rayons entourent le corps physique tel un manteau protecteur. Ils empêchent les germes pathogènes et les toxines de pénétrer dans notre corps tout en émettant un rayonnement permanent d'énergie vitale.

Cette protection naturelle tendrait à prouver, qu'en théorie, un homme ne peut pas tomber malade en raison d'agents extérieurs. Les causes de ses maladies se trouveraient toujours en lui-même. Des émotions,

Le système énergétique et le corps subtil de l'homme

des pensées négatives, ainsi qu'un mode de vie en désaccord avec les besoins vitaux du corps (surmenage, carences alimentaires, abus d'alcool, de cigarettes ou de drogues...), suffisent à épuiser la force vitale éthérique et à provoquer une chute de l'intensité du rayonnement énergétique naturel. Certains points faibles de l'aura en sont la conséquence. Ces fils d'énergie semblent alors se courber ou s'entrecroiser de façon désordonnée. Une personne clairvoyante sait identifier tout de suite les «trous» ou les «fentes» observés dans l'aura ouvrant l'accès aux vibrations négatives et aux bactéries qui peuvent alors pénétrer librement dans le corps. L'énergie vitale peut «s'évaporer» à travers ces blessures du tissu subtil.

Du fait de cette relation étroite entre l'état du corps physique et le rayonnement énergétique du corps éthérique, on parle souvent d'une aura de santé. Les maladies se dessinent d'abord dans l'aura éthérique avant d'être transmises au corps physique. Elles peuvent déjà être diagnostiquées et traitées sur ce plan-là. La similiphotographie de Kirlian (il s'agit d'un processus de photographie à haute fréquence développé par les chercheurs russes Semjon D. et Walentina K. Kirlian) a rendu visible, pour la première fois, ce rayonnement énergétique, typique à chaque être vivant. Grâce à cette découverte, il est aujourd'hui possible de faire des diagnostics précis et de reconnaître certaines maladies dès leur état latent.

Le corps éthérique et par conséquent le corps physique, réagissent fortement à des impulsions émanant du corps mental. Ceci peut expliquer l'impact favorable de la pensée positive sur la santé. Nous avons la possibilité d'améliorer notre santé physique par des suggestions positives bien ciblées.

Parmi les autres fonctions importantes du corps éthérique, l'une d'entre elles est d'apparaître comme médiateur entre les corps à énergies élevées et le corps physique. Il peut transmettre à nos corps émotionnel et mental des informations captées par nos sens physiques, tout en faisant parvenir au corps physique les énergies et les informations venant de nos corps supérieurs. Si le corps éthérique est affaibli, ce courant d'information et d'énergie est bloqué et l'être humain peut sembler absent du point de vue émotionnel et mental. Pour harmoniser et pour recharger notre corps éthérique, différentes techniques thérapeutiques peuvent être mises à profit ; elles seront décrites plus loin dans ce livre.

Il est intéressant de constater que les plantes, mais surtout les fleurs et les arbres, ont un rayonnement énergétique tout à fait semblable à l'aura éthérique de l'homme. Vous pouvez utiliser cette vibration pour recharger votre propre aura en énergie nouvelle. Cette énergie est également contenue dans des huiles essentielles dont l'application est indiquée dans différents chapitres. Vous pouvez également vous mettre directement en rapport avec les énergies des plantes. Mettez votre dos contre un arbre qui vous est sympathique ou embrassez-le en collant votre corps tout contre lui. Acceptez alors que la force énergisante et harmonisante de l'arbre passe à travers vous. Autre méthode : allongez-vous dans une prairie pleine de fleurs odorantes et laissez-vous entourer et pénétrer par leurs vibrations. Des plantes en pot ou des fleurs coupées, posées près de vous, vous transmettent également leur énergie vivifiante et harmonisante. Parce que le rôle des plantes est aussi d'aider les hommes, celles-ci réagissent par l'augmentation de leur taux vibratoire en remerciement de l'attention et de la reconnaissance qui leur sont concédées par l'homme.

Le corps émotionnel

Le corps émotionnel, ou astral, est celui qui véhicule nos sensations, nos émotions et les traits de notre caractère. Il occupe approximativement la même place que le corps physique. Chez un être peu évolué, ses contours sont à peine tracés, car il ressemble à une

Le système énergétique et le corps subtil de l'homme

substance nuageuse se déplaçant en tous sens sans ordre ni structure. Plus l'être humain a évolué au niveau de ses sensations, de ses tendances et de ses traits de caractère, plus son corps émotionnel apparaît dessiné clairement. L'être clairvoyant peut percevoir un contour précis, parfaitement adapté à la forme du corps physique.

L'aura du corps émotionnel serait de forme ovale, capable de rayonner plusieurs mètres autour de l'homme. Chaque mouvement d'humeur se répercute à travers le corps émotionnel, jusque dans l'aura. Ceci transitant essentiellement à travers les chakras et, un peu, à travers les pores. L'aura émotionnelle est toujours en mouvement. En plus de traits de caractère relativement stables se dessinant dans l'aura comme autant de couleurs à bases constantes, elle reflète en elle chaque sentiment passager et chaque mouvement émotionnel. Il s'agit d'un jeu incroyable de couleurs de toutes sortes, en permanence changeantes. Des émotions comme l'angoisse, la colère, l'oppression ou les soucis font monter des nuages sombres dans l'aura. Plus un être ouvre sa conscience à l'amour, au don et à la joie, plus les couleurs de son aura émotionnelle deviennent claires et transparentes.

Chez l'homme moyen, il n'existe aucun autre corps subtil qui influence aussi profondément sa vision du monde et celle de la réalité que le corps émotionnel. En lui sont entre autres stockées toutes nos émotions inhibées, nos angoisses et nos agressions conscientes et inconscientes, nos sensations de solitude, de refus ou de manque de confiance en soi, etc. A travers l'aura émotionnelle elles émettent leurs vibrations et représentent le message inconscient que chacun de nous répand autour de soi. Ici s'applique désormais le principe de l'attraction réciproque. Les fréquences énergétiques émises attirent des vibrations énergétiques pareilles à leur environnement afin d'effectuer la fusion avec elles. Cela signifie que nous sommes souvent confrontés à des êtres ou à des circonstances reflétant précisément les éléments que, consciemment, nous voudrions à tout prix éviter, ou les êtres dont nous souhaiterions nous éloigner ou que nous redoutons le plus. Ainsi notre entourage devient-il progressivement le reflet de tous les éléments que nous avons fait passer de notre vie consciente aux domaines de l'inconscient. Or, des sensations inhibées dans notre corps astral ont tendance à résister, voire même à croître. Elles nous obligent toujours à être confrontés à des situations engendrant la répétition des vibrations émotionnelles initiales, car ces vibrations sont pour elles comme de la nourriture...

Ainsi, la fréquence de la peur met-elle l'être humain dans des situations qui le confortent en permanence dans sa peur. Autrement dit, si un être déborde d'agressivité, il rencontre toujours des hommes évoquant les vibrations de la colère et de l'agression. Ou encore, si nous nous décidons, par exemple, à cesser de maugréer à tout propos, il peut arriver que quelqu'un de notre entourage se mette tout à coup à maugréer contre nous !

La pensée consciente et les objectifs du corps mental ne peuvent guère influencer le corps émotionnel qui suit ses propres lois. Le corps mental peut diriger le comportement extérieur sans abolir pour autant les structures émotionnelles inconscientes.

Un être peut par exemple chercher consciemment l'amour ou le succès tout en rayonnant, inconsciemment, de vibrations énergétiques opposées telles que la jalousie ou l'absence de confiance en soi ; ces dernières peuvent alors l'empêcher d'atteindre son but conscient.

Les structures émotionnelles existent à travers les différentes incarnations parce que le corps émotionnel continue de vivre par-delà la mort physique, pour réintégrer le nouveau corps physique réincarné. Les expériences inhibées retenues dans le corps émotionnel imprègnent profondément les circonstances de la vie nouvelle.

Pour comprendre réellement ces contextes, il nous faut définitivement cesser de nous imaginer dans le « rôle de la victime » en imputant la cause de nos

Le système énergétique et le corps subtil de l'homme

faiblesses ou de nos malheurs à autrui ou à des circonstances extérieures. Cela impliquerait déjà pour nous une grande libération puisque nous saurions enfin que nous tenons, en grande partie, notre destin entre nos mains et que nous pourrions changer notre vie en nous changeant nous-même.

La plupart des « nœuds émotionnels » du corps émotionnel se situent dans le chakra du plexus solaire. En dehors du vécu direct, ce chakra donne un accès direct à nos structures émotionnelles. Si nous voulons les percevoir et nous connaître à travers notre mental conscient, il faut que nous pénétrions la substance du chakra solaire par l'expression la plus élevée du corps mental, c'est-à-dire la vision intuitive accessible par le biais du chakra frontal. Néanmoins, il ne s'agit pas encore réellement d'une véritable libération. On ne peut se séparer de ses structures émotionnelles qu'à travers le corps spirituel lequel exprime la sagesse, l'amour et la béatitude du Moi Suprême, ce Moi dont la vue intégrale et universelle nous permet de comprendre les jonctions internes. Cette relation peut être établie grâce au chakra du cœur et à celui de la couronne.

Le Moi suprême ne juge pas, ne classe pas arbitrairement les expériences en « bonne » ou « mauvaises ». Il tient à nous démontrer que nous devons accéder à certaines expériences, uniquement pour comprendre par quels actes ou par quelles sensations peut être suscitée une séparation d'avec cette Source divine causant ainsi notre malheur ; il nous apprend également à connaître les lois cosmiques de l'équilibre naturel. Là où nous nous considérons aujourd'hui comme des « victimes », nous ne sommes souvent que des « bourreaux » des incarnations passées.

Dans la thérapie par les chakras, notre attitude intérieure revêt une très grande importance : nous devons en effet accepter toutes les expériences et prendre en considération tous les contenus de notre corps émotionnel en observant les images et les sensations qui surgissent spontanément, sans les refuser ni les juger.

19

Ce n'est qu'à ce prix que notre Moi suprême peut prendre la «direction des opérations» en laissant notamment pénétrer, dans l'ensemble de notre être, les énergies spirituelles de notre corps énergétique le plus subtil.

Quand les vibrations de notre corps spirituel fusionnent avec notre corps émotionnel, ce dernier se met à vibrer plus rapidement; il commence alors à se débarrasser d'expériences négatives inhibées, puisque leurs fréquences sont plus basses. Nous perdons ainsi le souvenir émotionnel de ces expériences et nous nous rendons capables d'accorder le pardon à nous-même et aux autres.

Plus les structures émotionnelles figées se dissolvent, plus notre corps émotionnel se met à rayonner sans restriction d'amour et de joie. L'aura émotionnelle reflète alors les couleurs les plus claires, les plus intenses et en même temps les plus transparentes, et les messages qu'elle transmet à son environnement attirent le bonheur et l'amour. Il en résulte tout naturellement cette merveilleuse capacité de réaliser tout ce que nous désirons, signe d'un corps émotionnel parfaitement intégré vibrant dans les plus hautes fréquences possibles.

Le corps mental

Nos pensées, nos idées et nos connaissances rationnelles et intuitives sont véhiculées par notre corps mental. Du fait d'une structure moins dense, sa vibration est plus élevée que celle du corps astral ou que celle du corps émotionnel. Le volume de ce corps ovoïde peut s'agrandir pour atteindre, selon le degré d'évolution de l'être concerné, le volume du corps émotionnel ajouté à celui de l'aura émotionnelle. Le rayonnement aurique du corps mental dépasse encore de quelques mètres cette dimension.

Chez un être spirituellement peu développé, le corps mental ressemble à une substance laiteuse et blan-

Le système énergétique et le corps subtil de l'homme

châtre. Les quelques couleurs existantes sont fades et sans éclat; sa structure semble être relativement peu perméable. Plus nos pensées sont vives et nos connaissances spirituelles profondes, plus les couleurs du véhicule mental de l'être sont claires et d'un rayonnement intense.

Comme le corps émotionnel, le corps mental a une octave haute et une octave basse. Les fréquences les plus basses sont concrétisées à travers la pensée linéaire du mental rationnel, dans lequel la plupart des gens cherchent à avoir accès à la vérité. Ce mode de pensée repose sur les perceptions du plan physique. Le corps physique et ses sens captent des informations pour les transmettre du corps éthérique au corps émotionnel; ce dernier transforme les informations en sensations avant de les transmettre à son tour au corps mental qui réagit lui-même par la formation de pensées verbales.

Or, le corps émotionnel, avec ses structures émotionnelles inhibées, peut avoir une influence sur les informations; il les déforme souvent et colore la pensée. Des schémas directeurs de pensée sont ainsi créés et sans cesse répétés, nous servant à juger les événements du monde qui nous entoure. Cela veut dire que le mental rationnel n'est pratiquement jamais neutre et objectif, même s'il prétend l'être.

Les pensées ainsi créées dans notre corps mental gravitent presque toujours autour du bien-être personnel et des besoins du monde terrestre. Trouver une solution rationnelle à nos problèmes devient ainsi la tâche principale du corps mental. Or, cela signifie une déformation de son caractère initial et une réduction de ses capacités.

La véritable fonction du corps mental consiste à capter les vérités universelles en provenance du plan spirituel pour les intégrer dans le mental rationnel; ce dernier les adapte ensuite aux situations concrètes et trouve ainsi le moyen de résoudre nos problèmes en accord parfait avec les lois universelles.

Les connaissances venant du plan spirituel de notre être se manifestent sous la forme d'intuition ou de

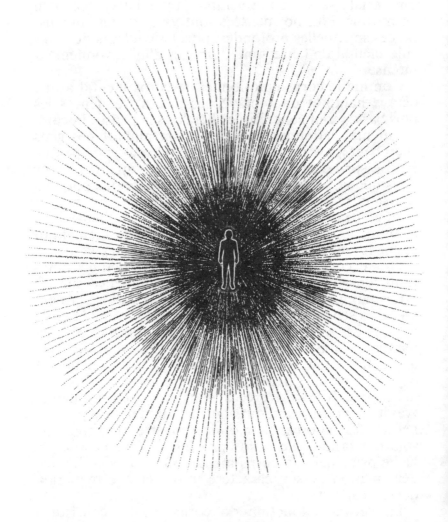

En partant de l'intérieur vers l'extérieur, l'aura de l'homme comprend : 1) l'aura éthérique, 2) l'aura émotionnelle, 3) l'aura mentale, 4) l'aura spirituelle.

Le système énergétique et le corps subtil de l'homme

compréhension instantanée, d'images ou même de sons, transformés ensuite en pensées verbales. Elles nous permettent de jeter un regard sur la nature véri table des choses. Leur structure est holographique, en opposition avec la compréhension linéaire émanant du mental rationnel.

La voie d'accès à l'octave supérieure du corps mental est rendue possible grâce à la jonction entre le chakra frontal et le chakra coronal.

Un corps mental parfaitement développé devient le reflet du corps spirituel; l'homme réalise ainsi la sagesse et la connaissance holistique du Moi suprême dans sa vie de tous le jours.

Le corps spirituel

Le corps spirituel également appelé corps causal possède la fréquence vibratoire la plus haute de tous les corps énergétiques. Chez les êtres encore inconscients sur le plan spirituel, ce corps et son aura n'entourent le corps physique que seulement d'environ un mètre. Quant au corps spirituel et à l'aura d'un homme parfaitement éveillé, ils peuvent rayonner jusqu'à plusieurs kilomètres, tandis que la forme ovoïdale se transforme en un cercle régulier.

Si vous avez eu l'occasion de vous trouver à côté d'un Maître, vous avez peut-être remarqué que l'atmosphère pouvait changer autour de vous, dès que vous vous en approchiez à quelques kilomètres. La sensation de lumière, de plénitude et d'amour qui peut emplir un être proche de son Maître, perd de son intensité dès qu'il quitte le rayonnement de son aura.

Le corps spirituel et son aura brillent des couleurs les plus douces tout en affichant une luminosité d'une puissance incroyable. Du plan spirituel de l'essence ne cesse de descendre, vers le corps spirituel, l'énergie la plus élevée et la plus rayonnante. Cette énergie inonde le corps mental, le corps émotionnel et le corps éthérique tandis qu'elle se transforme en fréquences de plus en plus basses. Elle élève le plan vibratoire de chacun de ces corps afin qu'ils puissent atteindre leur expression suprême dans chacun de leurs champs d'action bien définis. Jusqu'à quel degré pouvons-nous percevoir, assimiler et utiliser consciemment cette énergie, cela dépend essentiellement de l'évolution des chakras.

Le corps spirituel nous permet de vivre l'unité intime de toute vie. Il nous relie à l'essence pure et divine, à la matière omniprésente d'où émanent – et elles en émanent toujours – toutes les manifestations de la Création. Ce plan nous donne un accès intérieur à tout ce qui existe dans le royaume de la Création.

Le corps spirituel correspond à cette part divine immortelle en nous et qui existe bien au-delà de notre évolution, tandis que les autres corps subtils se dissolvent au fur et à mesure que l'homme franchit les plans de conscience attestant de son existence terrestre, astrale et mentale.

Seul le corps spirituel nous permet de connaître l'origine et le but de notre existence et de comprendre le sens profond de notre vie. Dès que nous nous ouvrons à sa vibration, notre vie atteint un niveau de qualité tout à fait différent. Nous sommes portés dans toutes nos actions par ce Moi suprême, et notre vie reflète à la fois la sagesse, la force, la béatitude et l'amour intégral qui sont les qualité naturelles de l'aspect suprême de notre Moi.

FONCTION ET RÔLE DES CHAKRAS

Dans ce chapitre, nous nous proposons de vous donner les connaissances fondamentales relatives au fonctionnement des chakras. Cette compréhension théorique de l'ensemble est importante parce que le savoir pratique des différents chakras, dont parle ce livre, repose sur ces données.

Dans les textes anciens, on parle de 88 000 chakras. Cela veut dire qu'il n'y a pratiquement aucun point du corps humain qui ne soit pas un organe sensible pour capter, transformer et transmettre l'énergie. Mais la plupart de ces chakras sont minuscules et ne jouent qu'un rôle secondaire dans le vaste système énergétique. Parmi ceux-ci, les chakras les plus importants se trouvent autour de la rate, dans la nuque, dans la paume des mains et sous la plante des pieds. Mais les sept chakras principaux se trouvent le long d'un axe vertical situé sur le devant du corps et présentent une telle importance pour le fonctionnement du corps, de l'esprit et de l'âme humains, que nous leur avons consacré à chacun un chapitre entier. Vous y trouverez toutes les indicatins concernant les qualités psycho-spirituelles en rapport avec chaque chakra et vous comprendrez leur influence sur les différentes parties du corps et leurs répercussions (en cas de blocage de ces chakras, etc.).

Décrivons tout d'abord, les caractéristiques communes aux sept chakras principaux. Ils se placent tous dans le corps éthérique de l'homme. Ils ressemblent aux calices des fleurs – ils ont la forme d'un entonnoir, avec un nombre inégal de pétales. Les Orientaux évoquent souvent à leur propos des fleurs de Lotus. Les divisions de ces fleurs en plusieurs pétales représentent les nâdis ou canaux énergétiques, par lesquels l'énergie pénètre dans les chakras, pour être-

Manuel des Chakras

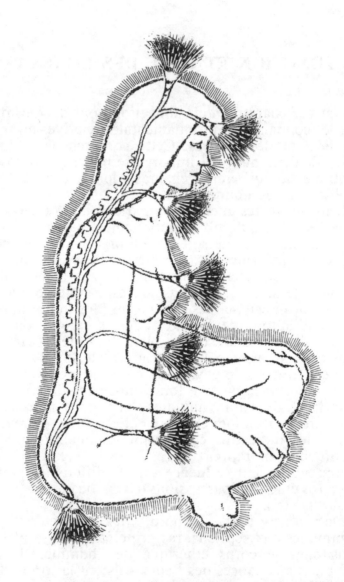

Ce dessin montre les chakras de façon latérale : leur forme d'entonnoir, leurs jonctions avec le canal principal de la colonne vertébrale et leur extension au-delà du corps physique.

transportée ensuite vers les corps subtils. Le nombre de ces canaux peut aller de quatre – pour le centre coccygien – jusqu'à presque mille – pour le centre coronal. Le centre de chaque calice est creux; il en part un autre canal ressemblant à la tige de la «fleur chakra», allant vers la colonne vertébrale. Il s'agit de la jonction des chakras avec le canal énergétique le plus important, appelé *Sushumnâ,* lequel monte à l'intérieur de la colonne vertébrale et continue en traversant la tête jusqu'au centre coronal.

Les chakras suivent toujours un mouvement rotatif; d'où leur nom sanscrit de «chakra» qui signifie «roue». Grâce à la rotation de ces roues, l'énergie est absorbée vers l'intérieur des chakras. Dès que la rotation change de direction, l'énergie des chakras se met à rayonner.

Les chakras sont animés d'une rotation orientée soit vers la droite, soit vers la gauche. Il faut savoir que le principe est inversé chez l'homme et chez la femme ou, plus exactement, une complémentarité s'effectue dans l'expression des différentes énergies; ainsi les mêmes chakras tournent-ils dans le sens des aiguilles d'une montre chez l'homme et dans le sens contraire chez la femme. Chaque rotation vers la droite relèverait, dans son essence, d'une qualité à dominante masculine, autrement dit à dominante Yang, représentant selon la philosophie chinoise, la volonté et l'activité mais également l'agressivité et la violence sous leur forme négative. Chaque rotation vers la gauche aurait par conséquent une tendance Yin signifiant la réceptivité et l'entente et, dans sa forme négative, la faiblesse.

Le sens de la rotation varierait d'un chakra à l'autre. Par exemple, chez l'homme, le chakra de base tourne de droite à gauche renforçant ainsi les qualités actives de ce centre, c'est-à-dire la conquête et la maîtrise à la fois dans le domaine matériel et en matière de sexualité. En revanche, le premier chakra de la femme tourne de gauche à droite la rendant plus réceptive à la force vivifiante et créatrice de la terre qui la pénètre par ce centre coccygien. Le deuxième chakra tourne

Sens de la rotation des chakras chez la femme :
La ligne continue montant en serpentins représente Pingalâ : la force solaire. Les tirets représentent Idâ : la force lunaire.

Fonction et rôle des Chakras

*Sens de la rotation des chakras chez l'homme :
La ligne continue représente Pingalâ ; les tirets symbolisent Idâ.*

d'une manière inversée : la rotation de droite à gauche de la femme indique une force plus active dans l'expression de ses sentiments, tandis que le mouvement allant de gauche à droite chez l'homme est plutôt le signe d'une attitude de récepteur voire même une attitude souvent passive. Il en va de même pour tous les autres chakras : les rotations de droite à gauche et les rotations orientées de gauche à droite alternent et marquent l'homme et la femme de façon différente, complétant ainsi leurs énergies à chaque plan existentiel.

La connaissance du mouvement rotatif des chakras peut être intégrée à certaines formes thérapeutiques. Par exemple dans une aromathérapie, vous pouvez appliquer les huiles essentielles en suivant un mouvement rotatif ou retracer la direction rotative des centres énergétiques avec des pierres précieuses.

Les chakras de la plupart des gens mesureraient environ 10 cm. Chaque centre énergétique contient des vibrations de toutes les couleurs, mais il y a toujours une couleur dominante correspondant à la fonction principale du chakra. Plus l'homme est évolué, plus les chakras s'élargissent et plus leur fréquence vibratoire s'accroît. Ses couleurs deviennent aussi plus claires et plus rayonnantes.

La grandeur et le taux vibratoire des chakras déterminent la quantité et la qualité des énergies pouvant y être captées et provenant de sources différentes. Il s'agit des énergies venant du cosmos, des étoiles, de la nature, du rayonnement de tout objet et des autres hommes autour de soi, des divers corps subtils de tout un chacun, mais aussi de l'aspect non manifesté contenu dans toute Essence. Ces énergies pénètrent directement dans les chakras ou bien y parviennent par les nâdis.

Les deux formes énergétiques fondamentales les plus importantes sont assimilées par le centre coccygien et le centre coronal. Ces deux centres sont reliés par le Sushumnâ, dans lequel les « tiges » de tous les centres énergétiques sont ancrées pour y puiser leur force

Fonction et rôle des Chakras

vitale. Il s'agit du canal par lequel monte la simili-force de la kundalinî qui s'y trouve «enroulée comme un serpent», depuis l'entrée du centre coccygien situé au bas de la colonne vertébrale. Cette force de la kundalinî représente l'énergie créatrice cosmique appelée, dans la sagesse hindoue, «shakti» ou énergie féminine de Dieu. Cet aspect créateur de l'Essence divine est à l'origine de toute création. Son opposé est l'aspect pur et sans forme de l'Essence divine dont nous parlerons en détail un peu plus loin.

Chez la plupart des gens, une très faible partie seulement de la force de la kundalinî circule à travers le Sushumnâ. Plus cette énergie est mise en éveil par l'évolution de la conscience de l'homme, plus son courant afflue dans le canal de la colonne vertébrale pour rendre, ainsi, plus actifs les différents chakras. Cette animation entraîne un agrandissement des centres énergétiques et une accélération de leurs fréquences. La force de la kundalinî apporte à chaque chakra cette vibration énergétique dont l'homme a besoin au cours de son évolution pour pouvoir accéder à toutes les capacités et à toutes les forces actives sur les divers plans énergétiques et matériels de la Création afin de les intégrer dans sa vie.

Pendant sa montée dans chaque chakra, l'énergie de la kundalinî se transforme en une vibration autre, correspondant aux fonctions spécifiques de chaque centre. Le niveau le plus faible de cette vibration se repère au centre coccygien et le plus élevé au centre coronal. Les vibrations transformées passent ensuite dans les différents corps subtils ou dans le corps physique; elles sont ressenties par nous à travers nos sentiments, nos pensées et nos sensations physiques.

Les limites dans lesquelles l'homme permet à la force de la kundalinî de se développer, dépendent surtout de sa conscience des divers plans vitaux représentés par les chakras et du degré des blocages provoqués dans les chakras par le stress ou la part de son vécu non encore assimilée. Plus l'homme est conscient, plus ses chakras sont ouverts et actifs et permettent un puissant accès à l'énergie, propulsée par la kundalinî. Or, plus cette énergie est forte, plus les chakras deviennent actifs entraînant de nouveau l'élargissement de la conscience. Ainsi se crée un cercle permanent d'influences réciproques qui se déclenchent dès que nous commençons à nous libérer de nos blocages en nous engageant sur le chemin de la prise de conscience.

Il existe également une deuxième énergie, en plus de celle de la kundalinî. Elle s'écoule également à travers le canal sushumnâ de la colonne vertébrale, en direction des différents chakras. Il s'agit de l'énergie de l'Essence divine pure, de l'aspect immatériel de Dieu. Elle pénètre par le chakra coronal et fait en sorte que l'homme puisse reconnaître, dans toutes les phases de son existence, l'aspect immatériel de Dieu comme Source immuable à l'instigation de toute manifestation. Cette énergie est surtout destinée à dissoudre nos blocages situés dans les chakras. La sagesse indienne la symbolise par Shiva, cette divinité qui s'acharne à détruire l'ignorance et peut déclencher, par sa seule présence, des transformations vers le Divin en soi.

Ainsi, Shiva et Shakti œuvrent-ils ensemble en vue d'une évolution intégrale de l'homme requérant l'intégration du Divin dans la vie quotidienne, ainsi que celle de tous les aspects de notre existence.

En plus de la sushumnâ, deux autres canaux énergétiques appelés en sanscrit «idâ» et «pingalâ» jouent un rôle très important dans le système énergétique. La pingalâ est le véhicule de l'énergie solaire pleine d'ardeur et d'élan. Le point de départ de ce canal se situe à droite du chakra coccygien pour aboutir au-dessus de la narine droite. Quant à l'idâ, elle se caractérise par une énergie lunaire, calmante et rafraîchissante. Le point de départ de ce canal se trouve à gauche du chakra coccygien et son aboutissement prend fin dans la narine gauche. Pour aller du chakra coccygien à la narine, ces deux nâdis tournent autour de la sushumnâ.

L'idâ et la pingalâ sont capables, par la respiration, de capter directement le prâna de l'air et par l'expiration d'éliminer les toxines du corps. Avec la sushumnâ,

Fonction et rôle des Chakras

ils représentent les trois canaux principaux du système énergétique. Il existe cependant un grand nombre d'autres nâdis qui véhiculent les énergies des chakras mineurs et des corps subtils en direction de chakras ou de corps énergétiques voisins.

Or, les chakras captent également les vibrations de leur environnement si celles-ci correspondent à leurs fréquences. Grâce à leurs différentes fonctions, ces centres de force nous relient à tout ce qui se passe autour de nous, dans la nature et dans l'univers, jouant un rôle d'antenne en ce qui concerne l'ampleur des vibrations énergétiques produites. Nous pouvons également considérer nos chakras comme les organes des sens subtils. Notre corps physique, avec ses cinq sens, est un véhicule adapté aux lois vitales de notre planète ; grâce à lui, nous réussissons à trouver notre chemin dans la vie quotidienne, ce qui n'exclut pas qu'il nous permette également de concrétiser nos connaissances profondes et de développer nos valeurs intérieures ici-bas. Les chakras servent de récepteurs à toutes les vibrations énergétiques et à toutes les informations planant au-dessus du plan physique. Ce sont autant d'ouvertures qui nous relient au monde illimité des énergies plus subtiles.

Mais les chakras répandent également de l'énergie autour d'eux, ce qui modifie l'atmosphère de leur environnement. Grâce aux chakras, nous sommes aptes à émettre des vibrations de guérison ou des messages conscients ou inconscients pouvant influencer ainsi, de façon positive ou négative, les hommes, les situations, et même la matière.

Pour pouvoir vivre en harmonie avec soi, tout en intégrant aussi bien la force que la créativité, le savoir, l'amour ou la béatitude qui en découlent, l'ensemble de nos chakras doivent être ouverts et collaborer harmonieusement entre eux. De façon générale, l'activité des différents chakras peut varier dans des proportions énormes. La plupart du temps, ce sont seulement les deux chakras inférieurs qui sont les plus activés. Chez des personnes ayant une situation sociale très en vue

Manuel des Chakras

Cette représentation népalaise des chakras a environ 350 ans. On peut y reconnaître les sept chakras principaux revêtant la forme de fleurs de Lotus. Chacune de ces fleurs représente un autre plan de conscience qui s'agrandit au fur et à mesure qu'il s'élève. On peut également apercevoir les principaux canaux énergétiques, Sushumnâ, Idâ et Pingalâ. (Gouache sur papier)

ou exerçant une influence certaine d'une manière ou d'une autre, le chakra du plexus solaire fait preuve d'une activité disproportionnée.

Toutes les combinaisons possibles existent entre les chakras. Qu'ils soient ouverts, bloqués ou unilatéralement développés, leurs valeurs changent, au cours de la vie, du fait qu'à tour de rôle, différents sujets revêtent selon les situations une certaine importance.

Ainsi, connaître les chakras peut-il s'avérer pour vous une aide inestimable pour la connaissance de vous-même ; cela peut vous orienter sur la voie de la découverte de vos facultés latentes en vous apportant ainsi la plénitude et les plus grandes joies possibles durant votre vie entière.

LES CYCLES ÉVOLUTIFS DE L'HOMME SELON LES ENSEIGNEMENTS RELATIFS AUX CHAKRAS

Notre univers entier est imprégné de rythmes et de cycles spécifiques. Cela commence déjà au niveau de l'atome et se poursuit à travers toutes les formes possibles que revêtent toutes Créations. Nous parvenons à ressentir ces rythmes réguliers dans le battement de notre cœur ou par notre respiration, dans le changement rythmique entre la nuit et le jour, à travers les saisons et dans le mouvement, calculable à l'avance, des astres. L'évolution de tout être vivant est également marquée par la répétition de ces rythmes. Nous pouvons observer qu'une plante par exemple, commence par germer avant d'avoir des feuilles, des bourgeons, des fleurs et plus tard un fruit. La nature respecte toujours une certaine régularité dans ses différentes phases évolutives, lesquelles ne sont pas interchangeables entre elles. Il apparaît donc tout à fait logique que l'homme, en tant qu'être spirituel dans un corps physique, se développe selon certaines lois répétitives. Non seulement, il vieillit un peu chaque jour en enrichissant ses expériences et ses capacités, mais son développement s'effectue également à travers des cycles évolutifs psycho-spirituels. Chaque phase de cette évolution ne prend pas la même importance suivant le moment de l'existence auquel elle se produit ; en analysant ce fait d'un peu plus près, nous nous rendons compte que « Mère Nature » nous confronte, à des moments précis, à des tâches spécifiques qu'il nous fallait résoudre justement à cet instant précis. Même si ces tâches se présentent toujours sous des formes différentes, nous pouvons malgré tout constater combien l'optimisation de notre évolution n'est possible qu'à certaines phases de notre vie. Il est notamment très difficile de rattraper, à l'âge de 25 ans, une phase évolutive que nous avons manquée à l'âge de 5 ans, ou de 12 ans. C'est ce qui explique pourquoi l'édifice existentiel de certaines personnes ne repose jamais sur de solides fondations : durant leur jeunesse, ces personnes n'ont pas fait certaines expériences ; à moins que leurs capacités n'aient pas été suffisamment développées.

La découverte des cycles vitaux n'est pas récente ; néanmoins, une grande partie de ces connaissances a dû se perdre au fil de l'histoire. De nos jours encore, certains enseignements spirituels incluent ce savoir dans l'évolution globale de l'homme. Dans les groupes anthroposophiques, et surtout dans la branche pédagogique de Waldorf, on connaît parfaitement tous ces contextes ; cela a donc permis d'élaborer de nouveaux concepts pédagogiques fondés sur les cycles évolutifs naturels chez les enfants, garantissant ainsi une évolution plus humaine et plus juste. Rudolf Steiner, le fondateur du mouvement anthroposophique, a laissé plusieurs œuvres posthumes traitant de ce sujet. L'anthroposophie évoque une ligne de vie clairement divisée en phases rythmiques ; le chemin à proprement parler est divisé en unités de sept ans. A chaque période, sans doute, sont associées différentes qualités ; ou plus exactement l'homme selon la période, semble-t-il être différemment «ouvert» à certaines influences et expériences, «mûr» par conséquent pour certaines évolutions spécifiques.

Il est intéressant de constater que ce savoir s'harmonise parfaitement avec la connaissance des fonctions et des rôles de notre système de chakras. Tous les sept ans, en partant du centre-racine, nous traversons ainsi un chakra, dont les qualités rayonnent sur notre vie pendant toute cette durée. Cette période de sept ans se divise elle-même en sept thèmes majeurs d'une année, également à partir du centre coccygien, à raison d'un chakra différent par an jusqu'au septième.

Commence ensuite un nouveau cycle, de sept ans également, cette fois à partir du deuxième chakra et

Les cycles évolutifs de l'homme

ainsi de suite. Ainsi, année après année, franchissons-nous une nouvelle étape d'évolution à partir d'une thématique fondamentale d'une durée de sept ans avec sept thèmes annuels de référence. Après cinq périodes consécutives de sept ans, nous atteignons à peu près la moitié du cours de notre vie. Après sept périodes de sept ans s'achève un cycle total de 49 ans. Ensuite, avec la 50e année, commence un cycle entièrement nouveau nous redonnant réellement une chance de repartir à zéro, et reposant, cette fois, sur la base d'un «niveau» d'évolution supérieur. La cinquantaine passée, il s'agit de faire le nouvel effort des quelques étapes nécessaires à notre apprentissage. Quelques rares personnes terminent, à l'âge de 98 ans, leur deuxième grand tour du circuit d'évolution à travers les cycles de l'homme.

D'une année sur l'autre, un nouveau thème principal nous honore et tous les sept ans nous parvient une nouvelle thématique fondamentale ; ces différents thèmes se complètent à merveille. La connaissance de l'importance et du rôle de chaque chakra nous donne une indication sur la manière de les utiliser au mieux chaque année, pour que cela soit le plus favorable à notre évolution. Ce savoir nous permet également de mieux comprendre l'évolution de nos enfants et de leur faire part de notre affection et de notre intérêt au moment précis où ils en ont le plus grand besoin.

Sur le plan de la matière, les changements s'effectuent également à un rythme septennal. Peut-être avez-vous déjà entendu parler d'un phénomène biologique suivant lequel notre corps se renouvellerait tous les sept ans ? Au terme de ces sept ans, toutes les cellules de notre corps seraient remplacées par d'autres cellules toutes neuves, ce qui expliquerait que, du point de vue physique, nous soyons des êtres complètement nouveaux. Sur un plan psychique en revanche, nous donnons l'impression de rester intact pendant cette période de sept ans, ce qui s'expliquerait par le fait que le corps émotionnel reste chargé d'éléments identiques pendant cette période. Or, il peut toujours nous arriver de rencontrer fortuitement quelqu'un que nous avions perdu de vue depuis longtemps et qui nous surprend lorsque nous constatons les immenses progrès qu'il a fait sur son propre chemin évolutif. Dans l'absolu, nous dirions qu'un changement radical paraît possible dans un intervalle de sept ans.

Dans les pages qui suivent, nous allons essayer, grâce à quelques tableaux succincts, de vous représenter une idée des expériences que l'homme doit traverser au cours de chaque année de sa vie et surtout de vous faire percevoir à quelles influences il est particulièrement soumis. Après quoi, au chapitre suivant, nous reviendrons en détail sur quelques exemples.

Dans l'Antiquité, le chiffre 7 symbolisait souvent l'accomplissement, la plénitude et la perfection (spirituelle). Il était alors considéré par de nombreuses civilisations comme un nombre sacré tel que nous le retrouvons encore aujourd'hui dans certains textes religieux, les mythes et les contes de fées. La semaine est également fondée sur ce rythme de sept jours puisqu'il s'agit du plus petit de nos rythmes existentiels répétitifs. Le chef de la révolution culturelle en Chine, Mao Tse Tung, voulait remplacer la semaine de sept jours par une semaine de dix jours. Mais, peu de temps après, l'absentéisme des ouvriers pour cause de maladies était devenu si important que la Chine dut revenir à la semaine de sept jours.

Autre élément également intéressant à connaître : nous avons déjà traversé certains niveaux de chakras avant notre naissance. Or, dans cette phase prénatale, l'évolution se déroule de manière inversée, en commençant par le chakra coronal, par lequel pénètrent dans l'embryon des courants énergétiques lumineux durant toute la grossesse. Après le développement des chakras frontal, du larynx, du cœur, solaire et sacré, se forme enfin, vers la fin de la grossesse, le chakra-racine, établissant le lien de cet être nouveau avec le monde terrestre pour qu'il puisse entrer dans notre milieu.

Que vous acceptiez ou non de telles lois n'a en fait aucune importance pour les forces universelles concer-

Les cycles évolutifs de l'homme

nées. Nous sommes libres de toutes nos décisions ; mais il ne faut pas oublier que, malgré cela, nous vivons toujours dans une sorte de schéma directeur logique. C'est donc à nous de dire ce que nous allons faire de ce savoir.

Remarque : N'oubliez pas, lorsque vous lisez les tableaux des cycles humains : vous êtes déjà dans votre 25e année si vous avez 24 ans, ou dans votre 39e année si vous venez de fêter vos 38 ans, etc.

Les cycles évolutifs de l'homme selon les enseignements reposant sur les chakras
De la 1ʳᵉ à la 49ᵉ année

Thème fondamental pour sept années	Thème principal de l'année						
	1ᵉʳ chakra Énergie vitale initiale, confiance, relation avec la terre et le monde matériel, stabilité, persévérance	2ᵉ chakra Sentiments initiaux, se laisser porter par le courant de la vie, sensualité, érotisme, créativité, étonnement et enthousiasme	3ᵉ chakra Développement de la personnalité, assimilation des sentiments et des expériences, élaboration de l'Être, influence et pouvoir, force et plénitude, sagesse grandissant grâce à l'expérience	4ᵉ chakra Développement des qualités du cœur, amour, compassion, partage, participation par le cœur, altruisme, don de soi, guérison	5ᵉ chakra Communication, expression créatrice de soi, ouverture, indépendance, inspiration, accès aux plans subtils de l'être	6ᵉ chakra Fonctions de connaissance, d'intuition, de développement intérieur des sens, force mentale, projection de la volonté, réalisation	7ᵉ chakra Accomplissement de soi, connaissance suprême grâce à la vision intérieure directe, union avec le Tout, conscience universelle
1ᵉʳ chakra : de la 1ʳᵉ à la 7ᵉ année : Énergie vitale initiale, relation avec la terre et le monde matériel, stabilité, persévérance	1ʳᵉ année	2ᵉ année	3ᵉ année	4ᵉ année	5ᵉ année	6ᵉ année	7ᵉ année
2ᵉ chakra : de la 8ᵉ à la 14ᵉ année : Sentiments initiaux, se laisser porter par le courant de la vie, sensualité, érotisme, créativité, étonnement et enthousiasme	8ᵉ année	9ᵉ année	10ᵉ année	11ᵉ année	12ᵉ année	13ᵉ année	14ᵉ année

Les cycles évolutifs de l'homme

3e chakra : de la 15e à la 21e année : Développement de la personnalité, assimilation des sentiments et des expériences, élaboration de l'Être, influence et pouvoir, force et plénitude, sagesse grandissant grâce aux expériences	15e année	16e année	17e année	18e année	19e année	20e année	21e année
4e chakra : de la 22e à la 28e année : Développement des qualités du cœur, amour, compassion, partage avec autrui, participation active du cœur, altruisme, don de soi, guérison	22e année	23e année	24e année	25e année	26e année	27e année	28e année
5e chakra : de la 29e à la 35e année : Communication, expression créatrice de soi, ouverture, indépendance, inspiration, accès aux plans les plus subtils de l'être	29e année	30e année	31e année	32e année	33e année	34e année	35e année
6e chakra : de la 36e à la 42e année : Connaissance, intuition, développement intérieur des sens, force mentale, projection de sa volonté, réalisation	36e année	37e année	38e année	39e année	40e année	41e année	42e année
7e chakra : de la 43e à la 49e année : Accomplissement de soi, connaissance suprême grâce à la vision intérieure directe, union avec le Tout, conscience universelle	43e année	44e année	45e année	46e année	47e année	48e année	49e année

Les cycles évolutifs de l'homme selon les enseignements reposant sur les chakras
« Octave supérieure » – de la 50ᵉ à la 98ᵉ année

Thème fondamental pour sept années	Thème principal de l'année						
	1ᵉʳ chakra Énergie vitale initiale, confiance, relation avec la terre et le monde matériel, stabilité, persévérance	2ᵉ chakra Sentiments initiaux, se laisser porter par le courant de la vie, sensualité, érotisme, créativité, étonnement et enthousiasme	3ᵉ chakra Développement de la personnalité, assimilation des sentiments et des expériences, élaboration de l'Être, influence et pouvoir, force et plénitude, sagesse grandissant grâce à l'expérience	4ᵉ chakra Développement des qualités du cœur, amour, compassion, partage, participation par le cœur, altruisme, don de soi, guérison	5ᵉ chakra Communication, expression créatrice de soi, ouverture, indépendance, inspiration, accès aux plans subtils de l'être	6ᵉ chakra Fonctions de connaissance, d'intuition, de développement intérieur des sens, force mentale, projection de la volonté, réalisation	7ᵉ chakra Accomplissement de soi, connaissance suprême grâce à la vision intérieure directe, union avec le Tout, conscience universelle
1ᵉʳ chakra : de la 50ᵉ à la 56ᵉ année : Énergie vitale initiale, relation avec la terre et le monde matériel, stabilité, persévérance	50ᵉ année	51ᵉ année	52ᵉ année	53ᵉ année	54ᵉ année	55ᵉ année	56ᵉ année
2ᵉ chakra : de la 57ᵉ à la 63ᵉ année : Sentiments initiaux, se laisser porter par le courant de la vie, sensualité, érotisme, créativité, étonnement et enthousiasme	57ᵉ année	58ᵉ année	59ᵉ année	60ᵉ année	61ᵉ année	62ᵉ année	63ᵉ année

3e chakra : de la 64e à la 70e année : Développement de la personnalité, assimilation des sentiments et des expériences, élaboration de l'Être, influence et pouvoir, force et plénitude, sagesse grandissant grâce aux expériences	64e année	65e année	66e année	67e année	68e année	69e année	70e année
4e chakra : de la 71e à la 77e année : Développement des qualités du cœur, amour, compassion, partage avec autrui, participation active du cœur, altruisme, don de soi, guérison	71e année	72e année	73e année	74e année	75e année	76e année	77e année
5e chakra : de la 78e à la 84e année : Communication, expression créatrice de soi, ouverture, indépendance, inspiration, accès aux plans les plus subtils de l'être	78e année	79e année	80e année	81e année	82e année	83e année	84e année
6e chakra : de la 85e à la 91e année : Connaissance, intuition, développement intérieur des sens, force mentale, projection de sa volonté, réalisation	85e année	86e année	87e année	88e année	89e année	90e année	91e année
7e chakra : de la 92e à la 98e année : Accomplissement de soi, connaissance suprême grâce à la vision intérieure directe, union avec le Tout, conscience universelle	92e année	93e année	94e année	95e année	96e année	97e année	98e année

LA FORMATION DE BLOCAGES DANS LES CHAKRAS

De par notre nature propre, nous ne faisons qu'un avec cette force qui se manifeste sous forme de vibrations et de lois toujours différentes, des couleurs, des formes, des parfums et des sons de la Création tout entière. Nous ne somme «isolés» de rien. Dans son intimité la plus profonde, notre être vit en unité totale avec cette Essence absolue, inébranlable et omniprésente que nous appelons Dieu qui a créé et pénétré les moindres plans de l'existence relative. Cette Essence pure et sans limites n'est autre que Béatitude.

Dès que ce calme de l'Essence divine s'élève en vagues de joie, la danse de la Création peut alors commencer; nous en faisons partie intégrante et nous pouvons y participer, sur tous les plans, grâce à notre corps subtil et à notre corps physique.

Or, nous avons perdu conscience de cette unité dès que nous nous sommes mis à croire uniquement les informations véhiculées par nos sens physiques et notre esprit rationnel, oubliant ainsi d'ailleurs notre origine et notre fonds divin. Une séparation s'est ainsi créée, en apparence du moins, entraînant en nous l'expérience, réelle, de la peur. Nous avons perdu toute notion de plénitude et de sécurité existentielle intérieures et nous nous sommes mis à les rechercher à l'extérieur. Mais, sur ce plan, la recherche de la plénitude absolue ne peut être que décevante. Elle engendre l'angoisse d'une nouvelle déception puisque nous oublions également que nous ne pouvons pas être anéantis : la mort n'étant qu'un changement de forme extérieure.

L'angoisse engendre toujours en nous les contractions, et la crispation ou le blocage ne viennent qu'accroître ce sentiment de non-unité et cette angoisse.

Rompre ce cercle vicieux et retrouver l'unité perdue est le but de la plupart des enseignements spirituels en Orient comme en Occident.

Les chakras sont autant de relais du système énergétique de l'homme, et c'est surtout sur eux que se fixent les blocages déclenchés par l'angoisse. Les chakras se trouvent également le long des nâdis. Leurs contractions quasiment permanentes empêchent la libre circulation des énergies vitales ; aussi ne parviennent-elles pas à acheminer jusqu'à nos différents corps les éléments nécessaires au reflet et au maintien de la conscience de l'unité. L'expérience de la séparation, de l'abandon, du vide intérieur et de l'angoisse de la mort nous pousse à rechercher dans le monde extérieur ce que nous ne pouvons trouver qu'en nous-mêmes ; ceci nous rend dépendant de l'affection et de la reconnaissance des autres, des plaisirs des sens, du succès et de la possession matérielle. Au lieu d'enrichir notre existence, ces éléments deviennent nécessaires pour que nous puissions combler le vide. Dès que nous les perdons, nous nous trouvons subitement face au néant, et la sourde sensation d'angoisse, compagne de presque tous les êtres humains, se dresse de nouveau en réalité devant nous. Bien évidemment, ce sont les autres qui nous enlèvent ce dont nous avons si cruellement besoin pour être heureux et satisfait. Nous oublions un peu facilement que l'origine commune de tous les êtres se situe dans l'Essence divine, qui sert de lien entre tous les vivants. Au lieu d'aimer notre prochain, nous commençons à le considérer comme un concurrent voire même un ennemi. Enfin, nous ressentons le besoin d'être protégés et nous cherchons à éviter certaines personnes, certaines situations ou certaines informations afin qu'elles ne nous atteignent pas. Nous débranchons nos antennes réceptrices pour ne pas être obligés de faire face à de nouveaux défis, augmentant ainsi la contraction et le blocage de nos chakras.

Le besoin d'être reconnu par nos pairs ou par certains groupes qui nous attirent, devient si fort que nous voilà prêts à orienter notre vie au gré des idées et des

La formation des blocages dans les chakras

conceptions de quelques-uns de nos proches ou de règles sociales valables universellement. Nous pouvons même être prêts à refouler l'expression spontanée de nos sentiments dès que ceux-ci ne correspondent plus aux conventions ou à l'attente que nous nous sommes fixées. Cela n'est possible que si nous contractons nos chakras au point qu'aucune émotion incontrôlable ne puisse passer. Il en résulte un engorgement énergétique au niveau du chakra concerné. Les énergies, ne pouvant plus rayonner librement, sont ensuite déformées et se frayent un passage à travers des barrières afin de se décharger de façon tout à fait inadaptée, prenant alors la forme d'émotions fortement négatives ou d'un besoin exagéré d'activité.

Ceci correspondrait à une réaction Yang face à ce blocage : les énergies arrivant à se libérer en faisant place à d'autres énergies nouvelles qui doivent se décharger de manitère tout aussi inadaptée.

Une réaction Yin correspondrait à un blocage presque total des énergies : le courant énergétique serait quasiment arrêté et ne laisserait donc pas place aux énergies nouvelles. Il en résulte une carence en énergie vitale et une faiblesse du chakra concerné. Les conséquences d'un tel dysfonctionnement des différents chakras sont décrites dans les chapitres concernant chacun des chakras. Nous y recommandons quelques lignes de conduite qui peuvent néanmoins varier en fonction des réactions individuelles, teintées par les expériences ayant déclenché nos blocages, puis stockées dans le corps émotionnel et dans le corps mental pour une plus faible part.

Nous ne nous débarrassons pas de ces expériences stockées en nous avec notre mort physique. Nous les gardons d'une incarnation à l'autre jusqu'à ce que nous les ayions assimilées au cours de notre évolution. Elles déterminent en grande partie les circonstances dans lesquelles nous sommes nés, et les expériences que nous subissons dans notre nouvelle vie à travers le rayonnement de notre corps astral.

Or, dans chaque vie, nous avons la possibilité de

dissoudre ces structures émotionnelles à condition de commencer dès l'enfance. Car le système énergétique d'un nouveau-né est encore totalement ouvert et perméable. Cela signifie qu'en principe, chaque âme nouvellement née possède une chance renouvelée de réaliser sa vie. Mais cela veut dire aussi qu'elle est ouverte à toutes formes de vibrations et d'expériences et par conséquent à toute sorte d'imprégnations.

Un nouveau-né n'est pas encore apte à décider consciemment de sa vie et il ne peut pas relativiser ses expériences. Il dépend donc totalement de la bienveillance et de l'aide des adultes. C'est une grande chance pour lui, mais c'est aussi un très grand devoir pour ses parents.

Dans les pages qui vont suivre, nous décrivons les influences que l'enfant doit subir dans les premières années de sa vie pour pouvoir se développer de façon optimale, pour éviter de nouveaux blocages et pour s'écarter de ses anciennes structures.

Aujourd'hui, une multitude d'âmes, déjà très évoluées, attendent des parents appropriés pour pouvoir s'incarner, sans accumuler trop de blocages inutiles qui pourraient les gêner dans leur tâche ici-bas. D'autres âmes désirent se réincarner à notre époque de bouleversement en ce qu'elle représente une occasion rare d'apprendre et de mûrir.

Les explications suivantes pourront – nous l'espérons – apporter une aide aux futurs parents afin qu'ils puissent offrir à une âme qui souhaite s'incarner dans leur enfant, les meilleures conditions de démarrage. Or, ces données peuvent également aider chacun de nous à mieux comprendre « l'histoire de ses blocages » et à les assimiler avec davantage de facilité.

Dans le ventre de la mère déjà, peuvent se manifester des débuts de blocage du système énergétique; c'est le cas si la mère refuse la vie naissante qu'elle porte en elle ou si elle vit dans un stress permanent, car le fœtus vit et ressent essentiellement son monde à lui à travers la mère. Une attitude d'amour à l'égard de la petite entité dans le ventre de sa mère apporte à son système énergétique des vibrations qui lui assurent bien-être et protection. Si la mère vit les mois de sa grossesse comme un moment de bonheur et de plénitude, elle crée ainsi les meilleures conditions pour que son enfant développe totalement son potentiel de bonheur et de créativité pour sa vie future.

Un moment crucial dans la vie de chaque être est le moment de sa naissance. Selon les circonstances, cette expérience de la naissance peut nous marquer toute notre vie ; elle peut déterminer notre conception du monde comme un lieu amical et agréable ou comme un cadre dur, froid et sans amour. Lors de l'accouchement, l'enfant quitte la sécurité physique intégrale qui lui a apporté nutrition et sécurité pendant les neuf premiers mois de sa vie terrestre, passés dans un état bienheureux hors du temps et de la pesanteur. Certes, ce petit être est préparé à la naissance et curieux de découvrir le monde. Une naissance naturelle, qui intervient sans que la mère et l'enfant aient été affaiblis par des médicaments, représente certes un grand travail et un grand effort ; mais elle n'engendre aucun choc pour l'enfant. L'enfant n'est pas pour autant préparé à être séparé de sa mère immédiatement après l'accouchement. Tant qu'il ressent toujours, sur un plan vibratoire, le corps familier de la mère et tant qu'il reste entouré par les vibrations énergétiques de l'aura maternelle, il est prêt à s'ouvrir, armé de confiance, aux expériences nouvelles.

De surcroît, le contact physique gardé avec la mère aussitôt après la naissance engendre une relation profonde entre la mère et l'enfant. Un courant de sentiments d'amour, donc d'énergie émotionnellement positive, va tout naturellement de la mère vers le nouveau-né et ne s'interrompt pas tant que son corps ressent l'enfant ou que celui-ci reste au moins dans son aura émotionnelle. Cela donne confiance et joie à la petite âme. Il est intéressant d'observer que les pères ayant assisté à la naissance, ayant touché et caressé l'enfant ont une relation plus approfondie et une compréhension plus intuitive de leur bébé.

A l'inverse, si le nouveau-né est séparé de sa mère immédiatement après la naissance, il vit très douloureusement la séparation et la solitude. Tant que la mère continue, après cette séparation, à envoyer des pensées d'amour au nouveau-né, le contact reste encore établi et l'enfant n'est pas totalement coupé des apports énergétiques de sa mère. Si au contraire, elle s'occupe d'autres choses, ou si elle est fatiguée et insensible à cause des médicaments, ce contact même est interrompu.

Le petit être ressent son état d'abandon dans un monde inconnu et froid; il se retrouve complètement seul sans la présence protectrice et réchauffante de la mère. Cette expérience est si forte qu'en général, le système énergétique de l'enfant se montre incapable d'assimiler les sentiments d'angoisse qui laissent en lui des traces profondes entraînant un premier blocage des énergies.

Ce blocage se manifeste surtout au niveau du chakra-racine. Dans le chapitre précédent, nous avons décrit les rythmes de vie sur la base de l'enseignement des chakras. Les tableaux reproduits quelques pages plus haut indiquent que pendant la première année le thème fondamental des sept ans ainsi que le thème principal d'une année sont assimilés à partir du chakra coccygien. En plus de la maîtrise du monde physique et matériel – dont le premier point culminant est de se tenir debout et de marcher vers la fin de la première année –, cette phase se distingue par la création de la confiance primaire. Cette confiance primaire est la base nécessaire au déploiement, sans restriction et sans angoisse, de toutes les possibilités innées de l'homme. De plus, le chakra-racine apporte l'énergie vitale aux autres chakras à travers la kundalinî. Un blocage de ce chakra a donc des répercussions sur tout le système énergétique. Ce n'est pas un hasard si la psychologie considère la première année de la vie comme l'étape la plus importante dans la vie d'un être humain.

Durant cette période, où l'enfant recherche surtout des expériences au niveau du corps physique, il a

La formation des blocages dans les chakras

besoin du contact corporel avec la mère, mais aussi, de temps à autre, avec le père ou d'autres personnes familières.

A cet âge-là, l'enfant n'a encore aucune notion du temps. Il pleure parce qu'il est seul ou parce qu'il a faim ; mais il ne peut avoir l'idée que cet état va cesser et il se désespère facilement. Si on répond rapidement à sa demande, s'ancre en lui cette confiance que la terre apporte à ses enfants tout ce dont ils ont besoin pour que le corps se maintienne et satisfasse les besoins physiques. Sur le plan physique comme sur les plans subtils, l'enfant peut donc s'ouvrir aux énergies nourricières et protectrices de notre Mère Terre.

La plupart des peuples primitifs possèdent le savoir intuitif de tous ces éléments. Les femmes portent toujours leurs bébés dans un tissu, collés à leurs corps. Elles ne s'en séparent pas lorsque les petits êtres s'endorment grâce au bercement ininterrompu. Dès qu'un enfant commence à marcher à quatre pattes, sa maman le remet dans son écharpe dès que l'enfant le désire. La nuit, l'enfant se retrouve dans le lit à côté de sa mère et dès qu'il a une sensation de faim, il peut téter son sein. Les yeux rayonnants et les visages satisfaits de ses petits êtres heureux n'appellent aucun commentaire ! De tels enfants pleurent très peu et sont capables très jeunes d'avoir une responsabilité sociale.

Si chez nous, les mères s'occupaient ainsi de leurs enfants, ne serait-ce que pendant leur première année, en faisant abnégation de leurs propres besoins, elles leur donneraient ainsi le meilleur potentiel de vie future. Cet investissement ne vaut-il pas vraiment la peine ? Le courant permanent d'amour et de joie établi par la mère grâce au contact corporel avec son enfant est la plus riche des récompenses et une large compensation de tout ce qu'elle ne peut pas faire pendant ce temps-là !

Lorsque l'enfant aura perdu, l'un après l'autre, ces sentiments de confiance, de sécurité, de plénitude et de protection, il les recherchera plus tard, et de plus en plus, sur des plans matériels et extérieurs. Ainsi établira-t-il des relations avec des éléments matériels se substituant aux hommes. On peut déjà le remarquer à travers l'attrait d'un enfant pour les animaux en peluche contre lesquels il se blottit par manque de présence et de chaleur humaine. Plus tard, il demandera toujours d'autres jouets et d'autres gâteries dans sa quête inconsciente pour combler la sensation de vide qui le ronge. Et une fois devenu adulte, il s'achètera de luxueux vêtements, de belles voitures, du mobilier de prix et peut-être même une maison; sans oublier sa course à une position professionnelle ou sociale à laquelle se réfèrent la plupart des êtres humains dans l'espoir d'y retrouver ainsi le sentiment de sécurité et de plénitude perdu depuis leur plus tendre enfance. Sans l'accumulation de ces besoins, à l'origine inassouvis pour la majorité de nos concitoyens, notre société de consommation n'aurait pas été possible.

Le nombre de personnes ayant compris qu'il est impossible de remplacer l'expérience de la sécurité et de la satisfaction intérieures par des données matérielles, est en augmentation croissante. Tous ces gens se plongent alors dans la recherche intérieure, la seule voie possible pour retrouver le paradis perdu que la plupart d'entre nous ont quitté à leur naissance.

Pendant la deuxième année de notre existence vient s'ajouter, et pour cette année-là seulement, un nouveau thème principal en plus du sujet fondamental du chakra-racine valable pour les sept premières années. L'enfant entre en contact avec les énergies du deuxième chakra. Ce contact doux et caressant devient de plus en plus important. L'enfant commence à découvrir sa sensualité, à vivre et à exprimer plus consciemment ses sensations et ses émotions. Et donc, à partir de ce moment-là commencent aussi à se manifester les contenus des corps émotionnels hérités de ses vies antérieures. Pendant cette deuxième année, l'enfant vit surtout les structures émotionnelles fondamentales.

Il paraît très important que les parents n'essaient pas

d'imposer à leurs enfants certaines attitudes risquant d'engendrer chez l'enfant le refoulement des émotions et pouvant aller jusqu'à l'inhibition. Si à l'inverse, l'enfant s'habitue à vivre ses émotions simplement, s'il accepte leur présence et les considère comme un jeu, il est capable d'en dissoudre tous les impacts émotionnels négatifs.

Les parents doivent comprendre qu'un enfant de cet âge n'exprime rien de négatif. Il est en colère parce qu'un besoin naturel a été déçu. Ses cris colériques évitent en fait le blocage et le libèrent. Il n'empêche que la plupart des parents ont du mal à accepter totalement leur enfant dans ses expressions émotionnelles parce qu'eux-mêmes connaissent des problèmes sur ce plan. Ils aiment leurs enfants à condition qu'ils fassent telle ou telle chose, mais qu'ils ne fassent surtout pas telle ou telle autre ; la plupart du temps, le message des parents adressé à leur enfant est clair : « Tu n'es pas assez bien tel que tu es. »

L'enfant doit donc adopter l'attitude jugée bonne par ses parents et refouler toutes les parties de lui-même qui sont non aimées des autres parce qu'il ne veut pas perdre l'amour de ses parents. La conséquence énergétique qui résulte de cette attitude peut être grave. Pour autant que cet enfant manque en plus de stimulation sensorielle, il se crée en lui un manque de confiance primordial sur le plan émotionnel, engendrant un blocage du chakra sacré.

Une fois adulte, une telle personne ressentira des difficultés à accepter et à exprimer naturellement ses émotions. Pour être capable de ressentir quelque chose, elle aura besoin d'une excitation sensuelle grossière ; et pourra avoir tendance à considérer les autres comme les objets de sa propre satisfaction.

La troisième année de sa vie, l'enfant entre en contact avec les énergies du chakra du plexus solaire. L'expression émotionnelle devient plus différenciée et tout ce que nous avons dit concernant la deuxième année se trouve encore renforcé. L'enfant désormais s'exprime en tant que personnalité indépendante ; il veut éprouver son influence et dit systématiquement « non » pour savoir ce qui va se passer !

Lorsqu'il y a lutte entre parents et enfant, parce que les parents croient que l'éducation de l'enfant ne peut que passer par leur volonté, cette lutte trouve son premier point culminant pendant cette troisième année. Si l'enfant ne se sent ni aimé ni accepté dans sa personnalité grandissante, alors les énergies du centre du plexus solaire sont bloquées. Une fois adulte, il manquera de confiance et de courage pour assumer sa personnalité individuelle, il aura peine à concevoir son existence selon ses propres critères et ne parviendra guère à tirer des conclusions de ses expériences négatives. Il s'adaptera à la situation ou essaiera de contrôler son propre monde.

Ainsi, le voyage du petit être humain se poursuit à travers les énergies des différents chakras. En suivant l'exemple donné, chacun peut maintenant continuer son chemin tout seul.

Il ne faut jamais perdre de vue que nous avons choisi nous-mêmes les circonstances de notre réincarnation. Nous nous sommes réincarnés chez tel ou tel type de parents pour accomplir les expériences dont notre âme a besoin pour atteindre la perfection.

Peu parmi nous ont sans doute eu la chance d'avoir des parents animés d'un tel degré de compréhension profonde et d'amour désintéressé, au point que, bénéficiant de leur sage et bénéfique influence, les dernières structures limitantes de notre corps émotionnel disparaissent. Cela signifie qu'il y va de notre tâche et de notre destin ici-bas de développer en nous cet amour empli de compréhension apte à dissoudre nos blocages et à libérer les parties les plus inhibées et mal-aimées de notre âme. Sans en être conscients, nos parents sont nos premiers maîtres, et, par leur comportement, nous démontrent nos faiblesses ; la douleur et le sentiment de manque qui lui est très lié nous mènent finalement à rechercher les voies nous permettant de rétablir notre intégrité intérieure. Plus tard, d'autres personnes et d'autres situations joueront ce rôle : nous les attirerons

La formation des blocages dans les chakras

inconsciemment et ils serviront de miroir aux éléments que nous avons enfouis en nous dans l'ombre de notre psyché.

Le chapitre suivant évoque nos possibilités de dissoudre les blocages de nos chakras pour retrouver l'unité intérieure.

COMMENT SE LIBÉRER DES BLOCAGES

En théorie, il existe deux moyens pour libérer et harmoniser nos chakras. La première méthode consiste à soumettre les chakras à des vibrations énergétiques ayant des fréquences très proches des chakras qui fonctionnent harmonieusement sans blocages. Nous trouvons, par exemple, ces fréquences énergétiques dans certaines couleurs pures et lumineuses, dans des pierres précieuses, dans des sons ou dans des huiles essentielles, mais également dans les éléments et sous une multitude de formes choisies par la nature. – Nous décrivons l'application pratique de ces moyens dans les chapitres sur la thérapie des chakras.

Dès que nos chakras sont touchés par des fréquences plus hautes et plus pures que celles dont ils sont actuellement entourés, ces chakras se mettent à vibrer plus rapidement et à dissoudre lentement les fréquences, moins rapides, des blocages. Ces centres énergétiques peuvent assimiler des énergies vitales nouvelles et les canaliser sans problème vers les corps subtils. Cela donne l'impression qu'un vent nouveau souffle à travers notre système énergétique. Le prâna entrant recharge le corps éthérique, puis celui-ci transmet cette énergie au corps physique. Elle pénètre dans les corps émotionnel et mental en y dissolvant également les blocages puisque leurs vibrations sont plus lentes que celles de l'énergie pénétrante. Enfin, les nâdis de tout le sytème énergétique s'emplissent d'énergie vitale : le corps, le mental et l'âme augmentent leur taux vibratoire et font rayonner bonheur et santé.

A partir du moment où les énergies bloquées se libèrent par un processus de purification et d'épuration, leurs contenus s'imposent à notre conscience. De nouveau, nous pouvons revivre toutes les sensations qui ont provoqué le blocage, notamment nos angoisses, nos colères et nos douleurs. Des maladies corporelles même peuvent récidiver pour la dernière fois avant d'être entièrement purifiées. Parvenu à cette phase, il peut nous arriver de nous sentir inquiets peut-être, tendus ou même très fatigués. Mais dès que nos canaux se libèrent, laissant à nouveau circuler nos énergies, nous ressentons alors une joie profonde, un calme olympien et nous commençons à voir clair en nous.

Beaucoup de gens n'ont pas le courage d'affronter ces différents processus nécessaires à leur purification. Souvent, il leur manque aussi, tout simplement, les informations nécessaires à leur accomplissement et ils interprètent les expériences vécues comme un recul dans leur évolution.

En réalité, les blocages afférents à notre système énergétique ne peuvent être purifiés que dans la mesure où nous sommes prêts à reconnaître nous-même clairement les éléments que nous avons refoulés parce que détestés par notre Moi ; nous ne pouvons par conséquent nous en libérer que grâce à notre amour. Ceci nous conduit au deuxième moyen, évoqué au début de ce chapitre. Ce moyen doit s'accompagner de la première voie d'activation directe et de purification constante des chakras. En même temps, il représente une possibilité indépendante d'harmoniser tout notre système énergétique en le libérant de ses blocages.

Une telle voie correspond à une attitude intérieure d'acceptation sans condition, engendrant une parfaite détente. La détente est l'antidote de la tension, de la crispation, du blocage. Tant que nous refusons, consciemment ou inconsciemment, une partie de nous-même, par le rejet de certains éléments de notre Moi, nous maintenons une tension qui empêche la détente totale et donc la libération de nos blocages.

Constamment, nous rencontrons des gens affirmant être incapables de se détendre. Ces personnes ont toujours besoin d'activité ou de distraction, même en vacances ; et s'ils ne font vraiment rien, leur dialogue intérieur ne s'arrête pas pour autant. Dès qu'ils se

Comment se libérer des blocages

calment extérieurement, ils ressentent leur agitation intérieure. Le mécanisme d'auto-guérison est si puissant chez ces personnes que les blocages commencent à se libérer dès que leur système énergétique retrouve un peu de calme. Malheureusement, les personnes concernées ne comprennent pas ce mécanisme et se réfugient toujours dans des activités pour supprimer les effets de purification de leurs énergies bloquées.

D'autres se renferment dans leurs corps mental pour éviter la confrontation avec les contenus de leur corps émotionnel. Chez ces derniers, tout événement est « mentalisé ». Ils analysent, interprètent et classent en catégories, mais ne pénètrent jamais jusqu'à l'essentiel d'un événement.

Nous rencontrons aussi des personnes voulant à tout prix forcer l'ouverture de leurs chakras ; par la pratique, par exemple, de certains exercices du yoga de la kundalinî, souvent de façon exagérée et sans instructeur. Le résultat est généralement le suivant : ces personnes se disent quasiment submergées par les contenus inconscients du chakra. Toute tentative pour refouler ces contenus peut engendrer des blocages nouveaux et souvent encore plus profonds. Il arrive également que celui qui suit un chemin spirituel, ne travaille que sur ses chakras supérieurs en maintenant inconsciemment les blocages des chakras inférieurs parce qu'il ne veut pas s'identifier aux contenus qui s'en dégagent. Un tel être peut vivre des moments merveilleux au niveau de ses chakras supérieurs, mais il peut ressentir un manque ou un vide au fond de lui. La joie inconditionnelle, ce sentiment d'une vivacité parfaite et d'une protection dans la vie ne sont possibles que si tous les chakras sont intégralement ouverts et si leurs fréquences ont le taux vibratoire le plus élevé possible.

L'attitude d'acceptation sans restriction demande beaucoup de courage et de sincérité. Sincérité signifie ici être prêt à se voir avec toutes ses faiblesses et aspects négatifs, et ne pas se voir tel que l'on aimerait être. Courage signifiant être prêt à accepter ce que nous avons vu. C'est le courge de dire «oui» à tout, sans rien exclure.

Nous avons adapté à nous-même les jugements de nos parents pour être sûrs de leur amour. Nous avons donc réprimé en nous certaines émotions et certains désirs pour nous conformer davantage à l'image que la société, tel groupe de pression ou nous-même se fait de nous. Renoncer à cette image signifie se retrouve seul intérieurement en perdant l'amour et la reconnaissance d'autrui. Erreur flagrante pourtant! Or, ce n'est que l'acte du refus et de la négation qui conduit nos énergies vers des formes négatives. Les émotions refoulées se transforment seulement en «méchancetés» parce que nous les refusons au lieu de les accepter avec amour et compréhension. Plus nous les rejetons violemment, plus elles deviennent «méchantes» en nous tourmentant jusqu'à ce que notre amour les libère de leur prison.

Derrière chaque sentiment se dissimule en définitive le désir de retrouver l'état primordial et paradisiaque de l'unité. Mais tant que nous nous adaptons à la conception du monde dominant aujourd'hui, et tant que nous acceptons comme réalité le plan extérieur de la réalité – celui que nos sens physiques et notre mental rationnel peuvent saisir – notre désir d'unité, d'union avec la vie se limite à notre volonté de posséder. Notre désir de posséder restera toujours déçu, qu'il s'agisse d'un être humain, d'une position sociale, d'amour et de reconnaissance autant que de biens matériels; il ne peut pas, à long terme, aboutir à l'accomplissement espéré tant l'union intérieure est loin d'être atteinte.

Craignant de nouvelles déceptions, nous retenons alors nos énergies, et notre système énergétique s'en trouve bloqué. Les énergies qui nous arrivent sont déformées par ce blocage et se manifestent comme autant d'émotions négatives que nous tentons, à nouveau, de supprimer et de retenir pour ne pas perdre la sympathie des autres.

Nous avons la possibilité d'interrompre ce cercle en concentrant toute notre attention sur nos émotions.

Comment se libérer des blocages

Dès lors, nos énergies se mettent à se transformer puisque nous avons compris qu'il s'agissait d'énergies nées de ce désir d'unité et bloquées dans leur élan naturel. Elles se transforment ensuite en une force visant à nous aider dans cette voie vers notre intégrité.

Pour expliquer ces éléments, procédons par une simple analogie. Si vous avez peur de quelqu'un et que vous le refusez, vous ne pouvez jamais le connaître dans sa totalité. Si, en revanche, vous le rencontrez avec beaucoup d'attention et si vous lui faites ressentir votre affection illimitée, il s'ouvrira lentement à vous. Vous allez comprendre soudain que ses comportements négatifs – que vous aviez jugés sévèrement – ne cachaient rien d'aute que son désir déçu d'accomplissement. Votre compréhension peut l'aider à se lancer dans le chemin vers un véritable accomplissement. Vos émotions ont le même comportement que cette personne...

L'attitude ici décrite, de l'acceptation sans préjugés, correspond à la disposition de notre Moi suprême. En l'acceptant consciemment, nous nous ouvrons au plan vibratoire du guide intérieur qui est en nous et à qui nous déléguons la tâche de nous guider vers notre intégrité totale.

Le Moi suprême est cette partie de notre âme qui nous relie à l'Essence divine. Il n'est limité ni par l'espace ni par le temps. Il a donc toujours accès à la Conscience totale concernant la vie dans l'univers comme notre vie personnelle. Si nous avons confiance dans ce guide, il nous mènera sur le chemin le plus direct et le plus droit vers l'unité intérieure ; et, ainsi, les blocages de notre système énergétique disparaîtront-ils en douceur.

Une fois compris ces rapports, les formes thérapeutiques décrites dans ce livre peuvent nous procurer tous leurs effets bénéfiques. Acceptez toujours toutes les expériences se présentant lors d'une thérapie, même si elles vous paraissent désagréables ou négatives ; confiez-leur votre attention et votre amour de la manière la plus neutre, et soumettez-vous intérieurement au pouvoir de guérison de votre Moi suprême.

La méditation peut vous aider à vous exercer à l'attitude de l'acceptation, à dissoudre certains blocages et à accepter les forces d'auto-guérison de votre Moi suprême, pour guider la conscience, sans effort et sans concentration, sur le chemin le plus direct accédant à l'expérience de l'Essence pure. Ce processus s'accompagne d'une très forte détente durant laquelle les énergies bloquées se libèrent presque automatiquement. Les pensées et les émotions ainsi libérées ne sont pas refoulées, mais sans cesse remplacées par l'expérience d'une détente et d'une joie grandissantes. Cette méditation vous donne un instrument merveilleux et très efficace qui, bien pratiqué, représente déjà le chemin à parcourir pour activer vos chakras de manière harmonieuse, pour purifier votre système énergétique et vous permettre d'accéder à tout votre potentiel psycho-spirituel.

Prenez garde à ce que la méditation que vous choisissez ne soit pas une source de parti pris et ne rejette pas certaines pensées et sentiments, mais qu'au contraire, elle les considère comme faisant partie intégrante du processus nécessaire à votre purification. Même les méditations les plus efficaces et les plus naturelles ne parviennent pas toujours à éviter qu'un jugement de valeur s'y glisse, par pure habitude! Les expériences liées à la libération des blocages sont souvent inconsciemment refoulées parce que ressenties comme désagréables. Cela peut faire perdre le naturel et réduire l'efficacité de la méditation. Dans un tel cas, un maître bien formé peut vous aider à rejoindre l'expérience initiale de la méditation.

Dès que vous aurez appris à vous aimer et à vous accepter totalement, vous rayonnerez de vibrations au-dessus de votre aura et vous attirerez, dans votre monde extérieur, des expériences similaires. Cela veut dire que vous trouverez réellement enfin l'amour et l'estime d'autrui dont vous craigniez peut-être la perte. Vous commencez à être apprécié pour ce que vous êtes réellement et peut-être à être admiré pour votre courage d'être vous-même. L'amour véritable et la solidarité authentique ne sont rendus possibles qu'à certaines conditions.

Dernier point, en rapport avec le sujet de ce chapitre : il se peut qu'à certains moments, au cours de votre chemin d'évolution holistique, vos chakras soient relativement ouverts sans que tous les blocages aient encore disparu. Vous êtes alors très réceptif aux énergies qui pénètrent votre aura ; mais votre rayonnement n'est pas encore doté d'une lumière assez puissante pour n'attirer que des énergies positives ou pour neutraliser les vibrations négatives autour de vous.

Lorsque vous vous trouvez dans une atmosphère tendue, où dominent des vibrations de mécontentement, d'hostilité ou d'agressivité, vos chakras peuvent toujours se charger d'énergie négative ou bien se rétracter pour mieux se protéger contre ces mauvaises influences. Il en résulte pour vous, dans les deux cas, un manque en énergie vitale positive.

Dès que les champs énergétiques de deux êtres se touchent ou s'entrecroisent, il se produit un échange ou une influence réciproque des énergies. Nous apercevons l'autre, que nous le voulions ou non, sur un plan énergétique. Le fait de trouver quelqu'un sympathique ou antipathique dépend essentiellement de notre perception des vibrations énergétiques de son aura. Lorsque nous ressentons un sentiment d'angoisse, de mécontentement ou de colère, ces vibrations ne se bornent pas à influencer seulement l'image que nous nous faisons de lui, mais également notre propre système énergétique. Lorsque nous nous sentons tendus ou mal à l'aise face à autrui, sans raison apparente, ou lorsque nous avons l'impression que tout se contracte en nous, il faut chercher la cause dans le rayonnement de l'aura. A l'opposé, si nous ressentons de la joie, de l'amour et de la tranquillité dans l'aura d'autrui, nous allons nous sentir bien aise de sa présence sans même échanger la moindre parole.

Dans un groupe de personnes réunies pour une raison particulière, peut se manifester une aura collective si puissante, qu'aucun membre du groupe ne peut y échapper. Il suffit, pour illustrer cela, de penser à l'ambiance qui règne parmi les spectateurs d'un match de football.

Dans le cas d'un groupe constitué de personnes qui se retrouvent pour prier ou méditer ensemble, l'individu peut atteindre un niveau de conscience beaucoup plus élevé que son évolution individuelle ne le lui aurait permis.

Il existe également des endroits ayant un rayonnement particulier, parce que la matière peut stocker certaines vibrations. Ce rayonnement est surtout perceptible dans des pièces closes.

Nous sommes convaincus qu'il est très important de connaître ces éléments lorsqu'on est entouré d'enfants. Le système énergétique de ces petits êtres est encore totalement ouvert à toutes sortes de vibrations. Ils réagissent tout spécialement à des pensées d'amour et à toute sensation de joie, mais également à des tensions, à des querelles et à l'agressivité de leur environnement. La proximité physique d'un parent ou d'une personne de confiance est une protection précieuse contre les vibrations étrangères que l'enfant subit, notamment dans les magasins. L'aura de l'adulte agit comme un tampon qui amortit les vibrations négatives. C'est la raison pour laquelle il est toujours préférable de porter l'enfant, plutôt que de le mettre dans un landau.

Nous autres adultes, pouvons sensiblement contribuer au fait que nos propres chakras et ceux de nos enfants restent détendus et ouverts. Même si, en principe, nous attirons des vibrations et des situations en relation avec notre propre rayonnement énergétique, nous avons quand même une certaine liberté d'action pour gérer consciemment notre vie, sur un plan extérieur. Ainsi, pouvons-nous participer à des activités dégageant une atmosphère d'amour et de joie; en visitant des lieux ayant un rayonnement positif capable de nous élever mentalement, nous pouvons aussi transformer notre propre appartement en un lieu de ce type.

Comment se libérer des blocages

Des couleurs bien choisies, des fleurs, des parfums et une musique relaxante contribuent à une telle atmosphère harmonieuse et vitalisante. Nous pouvons également créer une ambiance propice à la détente du système énergétique et au repos des influences négatives grâce au choix des programmes de télévision, des discussions et des activités se déroulant chez nous.

Nous pouvons également agir, sur un plan intérieur, en vue de nous protéger contre les influences indésirables de notre environnement. Nous vous conseillons, à l'occasion d'une thérapie portant sur les chakras, d'être particulièrement attentif au chakra cardinal dont le rayonnement d'amour a la faculté de neutraliser – ou de transformer – toutes les vibrations négatives. C'est en même temps un défi pour vous de développer également, parmi d'autres facultés, votre potentiel d'amour.

En travaillant sur votre chakra du cœur, vous allez découvrir au fur et à mesure les aspects positifs de ceux qui vous entourent et vous allez apprendre à les apprécier et à ne vous laisser pénétrer que par ces vibrations. Cette appréciation de votre part renforce et anime en même temps les qualités de l'autre. Chaque rencontre peut donc devenir enrichissante pour les deux parties.

Les vibrations qui rayonnent activement vers l'extérieur, sont, en tout cas, une protection excellente. Dès que vous avez appris à vous accepter tel que vous êtes et dès que vos énergies rayonnent assez largement, les vibrations extérieures négatives ne peuvent plus pénétrer dans l'anneau des rayons qui se forment ainsi autour de vous. Et si vous vous sentez intérieurement infiniment détendu et calme, les tensions de l'atmosphère ne trouvent plus alors en vous aucune résonance, puisqu'elles ne peuvent plus se fixer ou vous influencer négativement.

Nous sommes évidemment bien conscients que ces capacités demandent déjà une évolution avancée. Nous allons évoquer d'autres possibilités simples vous protégeant contre des influences négatives.

Si vous cherchez à vous protéger, dans une situation

où vous souhaitez renforcer votre influence : imaginez une lumière, juste au-dessus de votre chakra coronal que vous essayez d'aspirer dans tout votre corps. Ensuite, grâce à votre imagination, vous la rejetez à travers le plexus solaire pour qu'elle entoure votre corps d'un manteau protecteur de lumière capable de dissoudre toutes les influences obscures. Vous pouvez également imaginer ce rayon lumineux jaillissant du chakra solaire, comme une douche puissante ou comme un lance à eau qui balaierait toutes les vibrations négatives.

Autre mode de protection très efficace : les huiles essentielles qu'il faut apposer directement sur les chakras. En effet, elles emplissent votre aura de leurs rayons purs et neutralisent les tensions et les influences dysharmonieuses qui pénètrent dans votre aura (cf. également le chapitre sur l'aromathérapie à la fin de ce livre).

Un cristal de roche porté sur vous peut renforcer la qualité de la lumière et le rayonnement protecteur de votre aura. Il complète parfaitement bien les huiles essentielles.

Des sous-vêtements de soie sont également une bonne protection énergétique, notamment pour les bébés et les tout petits enfants. Autre méthode efficace pour se libérer des énergies bloquées, quand elles sont provoquées notamment par une peur subite, un choc ou des ennuis, serait la suivante : mettez-vous en position debout en appui sur les jambes légèrement écartées et bandez vos muscles au maximum pendant quelques secondes. Si vous êtes seul, poussez des cris aussi fort que vous pouvez, sinon, dégagez violemment l'air de vos poumons. Répétez cet exercice jusqu'à ce que vous vous sentiez mieux. Ensuite, étirez-vous, comme après un bon sommeil réparateur. Il est intéressant de constater que cette tension musculaire se retrouve chez certaines personnes lors de méditations relatives surtout à des parties précises du corps, où des blocages seraient en train de se dissoudre. Ce qui prouve que cet exercice est utile et efficace.

COMMENT RECONNAÎTRE LE CHAKRA BLOQUÉ

Dans ce livre, nous vous proposons différents moyens d'harmonisation et d'équilibre de vos chakras ; mais encore faut-il d'abord savoir lequel de vos chakras est déséquilibré ou bloqué. Sans connaître tous ces éléments, vous avez toujours le choix d'harmoniser tous vos chakras ensemble grâce aux techniques thérapeutiques développées ici ; nous vous conseillons d'ailleurs tout particulièrement cette thérapie globale. Mais, au cas où vous auriez senti que deux de vos chakras, par exemple, ont spécifiquement besoin d'une thérapie, il vous est possible de vous concentrer sur ces deux centres énergétiques.

La connaissance des chakras dysharmonieux mène automatiquement à la connaissance de soi, à condition que la personne concernée veuille bien faire les premiers pas nécessaires. Car c'est bien essentiellement de nous-même qu'il s'agit et pas tellement de quelqu'un d'autre, même si nous pouvons bien sûr parler à cet autre de nos expériences. L'objectif n'est pas de convertir les autres, mais de se connaître soi-même et de se libérer, pour pouvoir ensuite accompagner quelqu'un d'autre sur la même voie de la connaissance de soi.

Il existe plusieurs moyens différents pour porter un diagnostic concernant les chakras. Choisissez parmi ces méthodes celle qui vous semble la mieux appropriée.

1) Dans ce livre, nous essayons d'indiquer avec clarté, lors de la description de chacun des chakras, quels éléments vous permettent de juger lequel de vos chakras est harmonieux, dysharmonieux ou ne fonctionne que faiblement. Grâce à ces critères, chacun de vous peut très rapidement identifier ses zones posant le

plus de problèmes. Nous avons démontré, consciemment, les conséquences du dysfonctionnement d'un chakra de façon quelquefois un peu exagérée pour vous faire comprendre rapidement certaines tendances. Il faut également savoir que les conséquences décrites ici ne sont pas valables pour tout un chacun. Mais il peut aussi arriver qu'à la lecture de certains passages de notre texte, vous soyez touché particulièrement dans votre foi intérieure ou que vous ressentiez, à notre égard, de l'agressivité. Ce n'est pas exactement le but que nous recherchons ! En revanche, nous souhaitons que vous vous reconnaissiez clairement et que, lorsque certaines descriptions vous concernent, elles puissent en effet retenir toute votre attention. Nous ne vous adressons bien entendu aucun reproche ; notre objectif n'étant nullement de vous blesser ; mais au contraire, de vous aider à progresser dans la connaissance de vous-même. La connaissance de soi n'est généralement ni facile ni agréable, car il nous faut faire toute la lumière nécessaire sur les zones d'ombre si nous souhaitons nous en libérer. Cela vaut vraiment la peine de parcourir ce chemin de la connaissance de soi parce que cela nous donne en même temps de multiples moyens de traiter et d'harmoniser nos chakras.

2) Une autre méthode pour analyser nos chakras consiste dans l'observation : à savoir lequel de nos chakras réagit particulièrement en cas de stress et de choc exceptionnels. Il est possible que dans certaines situations difficiles de la vie, vous rencontriez toujours les mêmes genres de problèmes ; si, par exemple, votre chakra-racine fonctionne en dessous de ses possibilités, vous pourrez avoir l'impression « de perdre pied » dans une situation particulièrement difficile – ce qui peut provoquer chez vous une diarrhée. Dans le cas d'un hyperfonctionnement du premier chakra, vous aurez tendance à vous mettre rapidement en colère ou à devenir agressif. Si le deuxième chakra fonctionne mal, vos sensations se bloqueront lors d'une tension particulière ; s'il fonctionne de façon exagérée, vous éclate-

rez sans doute en larmes ou réagirez par un manque de contrôle émotionnel. Le fonctionnement au ralenti du troisième chakra peut expliquer vos sensations d'impuissance ou de faiblesse, souvent accompagnées d'un sentiment bizarre au niveau de l'estomac ou d'une nervosité insoluble. Lorsque ce chakra est surchargé, il réagit par une tension nerveuse ou par une tendance à vouloir prendre le contrôle de toute situation par une suractivité. Si vous avez l'impression que votre «cœur s'arrête», c'est un signe de dysfonctionnement de votre chakra cardiaque. Et le fameux battement du cœur dans une situation de stress indique un mauvais fonctionnement généralisé du quatrième chakra. Lors d'un fonctionnement irrégulier du chakra laryngé, vous aurez l'impression d'avoir la gorge serrée; éventuellement vous vous mettrez à bégayer ou à trembler au niveau du cou. Dans le cas d'un hyperfonctionnement de ce chakra, vous réagirez par une avalanche de mots non appropriés à la maîtrise de la situation. Si, dans un état de stress ou de choc, vous vous sentez incapable d'avoir une seule idée claire, c'est là un signe de sous-fonctionnement du chakra frontal; quant aux maux de tête, ils indiquent sa surcharge.

De telles réactions sont typiques pour des points faibles de notre système énergétique. Une observation vigilante nous permet donc de mieux nous comprendre.

3) Nous pouvons également nous servir du langage du corps. Ainsi est-il possible de savoir, selon la forme extérieure et la structure du corps d'un homme, si une partie de lui est énergétiquement dysharmonieuse. Notre corps n'est que le reflet exemplaire de nos structures subtiles. Chaque anomalie, telle que déformations, tumescences, tensions ou faiblesses, peut être mise en rapport avec l'un ou l'autre chakra selon l'endroit où une telle anomalie se dessine. Nous savons tous reconnaître des différences dans les apparences physiques nous permettant, sans réfléchir, de nous faire une idée assez précise de la personne concernée.

La plupart du temps, la transmission de cette image nous touche tout simplement par les chakras. Nous rencontrons des personnes qui ont apparemment développé toutes leurs énergies vers le haut de leur corps ce qui donne l'impression que toute la partie inférieure de leur corps n'est que faiblement développée. D'autres êtres sont exactement leur contraire ; d'autres encore semblent n'être composés que de points faibles à moins que ce ne soient que des points de force. Regardez-vous maintenant dans une glace ou sur une photo ! Sachez que la voix est souvent un très bon indicateur de l'état du chakra de la gorge.

Si, en même temps, vous prenez également en considération les faiblesses organiques ou même les symptômes de maladies, vous pouvez diagnostiquer très précisément dans quelle partie du système énergétique vous rencontrez des problèmes ; ce qui permet ensuite d'appliquer une thérapie efficace. – Nous vous proposons d'ailleurs, dans le chapitre sur les chakras, une liste de correspondances entre les organes ou les parties du corps et les chakras.

A l'aide de cette liste, vous pouvez trouver clairement quel chakra est concerné par tel ou tel dérèglement organique et lequel a donc besoin d'une guérison appropriée. Cela vous permet de prendre des mesures bien ciblées.

4) La quatrième possibilité est un test particulier utilisé par un grand nombre de thérapeutes, mais tout aussi bien applicable par chacun. Simplement, vous avez besoin d'avoir recours à deux personnes. Il s'agit d'un test kinésiologique développé dans le cadre de la méthode « Touch for Health ».

Voici les étapes à suivre : mettez votre main droite sur un chakra tandis que votre bras gauche forme un angle droit avec votre corps. L'autre personne – celle qui vous fait faire le test, vous ordonne : « Tenez ! », et vous essayez de tenir votre bras gauche dans la position horizontale tandis qu'elle essaie de faire baisser votre bras en exerçant une pression à hauteur du poignet. Si le chakra est harmonieux et équilibré, le bras tendu montre une forte résistance; si le chakra est bloqué, le bras ne peut pas résister et l'autre personne arrive à le baisser sans grand effort (voir le dessin page 75).

Nous appliquons ce test à chacun des sept chakras, l'un après l'autre, du centre-racine jusqu'au centre coronal. Il nous donne une idée très précise de l'état énergétique de nos chakras. Des dérèglements au niveau des chakras se manifestent toujours par la faiblesse du bras. Nous pouvons refaire ce test à plusieurs reprises pour voir s'il y a eu des changements. Si le système des chakras est parfait, le test du bras est sept fois positif, c'est-à-dire que le bras baissé représente sept fois une bonne résistance. Il est conseillé de faire de petites pauses entre les contrôles des différents chakras pour empêcher une éventuelle fatigue du bras.

Ce test a été contrôlé par un instrument appelé «kinésiomètre», qui indiquait qu'en cas d'énergie forte, la résistance est d'environ 20 kg; si l'énergie est faible, le bras ne peut résister qu'à environ 8 kg de pression. Évidemment, il faut prendre en considération la constitution corporelle de la personne testée. La différence entre «fort» et «faible» est ressentie par la personne qui fait le test autant que par celle qui le subit.

Une variante de ce test consiste à presser le pouce contre l'index de la main droite et de couvrir le chakra à tester de la main gauche. Notre partenaire essaie de séparer les deux doigts serrés l'un contre l'autre. En cas de grande résistance, le chakra testé est sans problème; si la résistance est faible, le chakra a besoin d'une thérapie.

Nous avons également rencontré des personnes capables de faire ce test toutes seules. Elles serrent le pouce et l'index d'une main et essaient de les séparer en tirant avec le pouce et l'index de l'autre main. En même temps, elles se concentrent sur un chakra précis. Comme toujours, la «faiblesse» et la «force» indiquent le chakra déréglé : Si les doigts serrés se laissent desserrer par l'autre main («faible»), le chakra testé présente un problème. Si les doigts restent collés ensemble («fort»), le chakra est sans problème. Évidemment, pour obtenir des résultats sûrs dans ces tests kinésiologiques, il faut avoir un peu d'entraînement, mais la méthode en soi fonctionne de manière impeccable.

5) Une autre possibilité de juger de nos chakras est celle que nous appelons «la vision intérieure». C'est la méthode la plus simple et la plus rapide appliquée par beaucoup de personnes pour entrer en contact avec leur système énergétique.

Nous créons en nous, pendant quelques minutes, un état méditatif de calme et nous essayons de «voir avec notre œil intérieur» l'état de nos différents chakras. Nous passons systématiquement en revue tous les chakras de bas en haut. Beaucoup de personnes sont capables de diagnostiquer clairement l'état de leurs chakras grâce à leur coloration. (Vous trouverez les correspondances entres chakras et couleurs dans les chapitres sur les différents chakras. Chaque modification de couleur observée devrait être considérée comme un signe.) D'autres personnes voient plutôt une forme qu'une couleur. Si cela est votre cas, observez bien si la forme du chakra est ronde et harmonieuse ou si elle montre des coupures ou toute autre espèce de modification. D'autres encore captent la taille et la force des rayons des chakras pour savoir s'ils sont harmonieux ou non. Souvent, les gens combinent plusieurs méthodes. Toutes ces possibilités et tous ces critères d'appréciation requièrent une certaine connaissance de soi et un certain entraînement pour obtenir des résultats garantis.

6) De plus en plus de personnes sont capables de tâter la situation énergétique des chakras simplement avec leurs mains. Vous ressentez une certaine résistance si vous touchez à l'enveloppe énergétique de votre corps éthérique – ou de celui d'autrui. Cette résistance ressemble un peu à celle qui caractérise un

Comment reconnaître le chakra bloqué

Le test kinésiologique des muscles.

mouvement dans l'eau. Vous pourrez peut-être ressentir certaines inégalités : des trous ou des bosses... Pour vous entraîner, il faut rapprocher lentement les mains du corps – qu'il s'agisse du vôtre, de celui d'une tierce personne, d'animaux et de plantes –, en essayant en même temps d'en ressentir les éventuels changements. Néanmoins, l'expérience issue d'une application fréquente nous semble nécessaire pour trouver une réponse précise.

7) Le chemin le plus direct est, à notre avis, la vision totale de l'aura, même si un nombre très restreint seulement de personnes en est capable. Cette vision permet un accès direct aux situations et aux événements énergétiques se déroulant en soi ou chez quelqu'un d'autre. Il est possible de découvrir et de juger des relations psychiques, spirituelles et corporelles. Si vous êtes doté de ce don médiumnique, il vous faut bien interpréter ce que vous voyez – et cela demande beaucoup d'entraînement, d'expérience et de capacité d'observation.

Pour être sûr d'avoir de telles capacités, nous conseillons le test suivant : installez-vous dans une pièce totalement noire, par exemple dans une cave, dans un sauna ou même dans le placard à balais. (L'auteur a fait ses premières expériences dans un abri anti-atomique!) Tout d'abord, restez-y quelques instants, en silence. Les objets à tester peuvent être, par exemple, quelques éclats de cristaux de roche que vous déposez à une distance proche de vous ou que vous gardez dans la main. Si vous êtes capable de voir les faibles rayons énergétiques se dessiner aux pointes des cristaux, surtout si la pierre est déplacée de gauche à droite et vice versa, alors vous avez une certaine aptitude à la clairvoyance. Ne soyez pas tout de suite découragé, il est quelquefois besoin d'un peu d'entraînement! Surtout, ne faites aucun effort pour « voir » le résultat.

Si vous voulez voir le corps énergétique de quelqu'un, il faut que cette personne s'assoie ou se mette debout devant un fond noir. Orientez votre regard, à quelques mètres de distance, soit juste au-dessus, soit juste à côté de la personne, parce que c'est là que se trouve son aura. Les meilleurs résultats sont obtenus dans un certain état méditatif. Prenez votre temps! Vous allez certainement voir d'abord le corps éthérique qui entoure le corps physique comme une enveloppe énergétique lumineuse. Avec un peu d'expérience, vous arriverez à différencier les couleurs et les formes du corps émotionnel. Mais ne vous attendez pas à un ensemble fixe de couleurs parce que les énergies subtiles sont toujours en mouvement et d'une composition plutôt semi-transparente ou étincelante. On peut dire, de façon générale, que des couleurs et des formes harmonieuses de cet ensemble énergétique sont le signe d'un être harmonieux dans son ensemble et que des couleurs impropres et des formes déséquilibrées révèlent des problèmes chez la personne.

Si vous voulez reconnaître votre propre aura, mettez-vous devant une grande glace et essayez. La plupart des gens réussissent quand même mieux à voir l'aura d'autrui que la leur.

Il existe aussi des lunettes auriques à verres violet foncé; les lunettes elles-mêmes sont hermétiquement fermées sur les côtés. Ces lunettes ne sont qu'une aide parmi d'autres et n'ouvrent pas à chaque utilisateur l'accès aux plans subtils; mais elles permettent un bon entraînement. Nous avons nous-même eu d'excellents résultats avec ces lunettes, en pleine nature.

Il y a de plus en plus de personnes aptes à juger leur corps énergétique et surtout le système des chakras d'un être se trouvant à une distance éloignée, voire même à des centaines ou à des milliers de kilomètres. En général, elles prennent comme support une photo de la personne qui leur demande conseil, ou une communication téléphonique. Ce genre de possibilité peut paraître étonnant pour beaucoup, ou sembler bien improbable. Il n'empêche que nous avons pu l'expérimenter nous-mêmes et l'observer à plusieurs reprises.

Si vous avez des difficultés à reconnaître et à accepter de tels phénomènes inhabituels, pensez aux possibilités que représentent aujourd'hui la radio et la télévision. Des images et des sons sont envoyés sous forme d'ondes à travers l'éther, et captés. Pratiquement toutes ces découvertes techniques existaient déjà auparavant sous forme de phénomènes naturels...

Évidemment, vous pouvez toujours refuser de telles méthodes si elles vous semblent difficilement acceptables ; mais rappelez-vous qu'il y a beaucoup d'autres techniques, déjà décrites, pour jauger les chakras...

8) Encore un autre moyen de voir les chakras d'autrui et leur fonctionnement lié, celui-ci, à la capacité médiumnique de ressentir par ses propres chakras ce que l'autre est en train de vivre ou de ressentir. Ceci demande d'abord que le thérapeute vibre avec la même intensité que le corps énergétique de son patient. Nous connaissons quelques thérapeutes qui travaillent ainsi et parviennent à des diagnostics très précis. Un bon nombre d'entre eux se sentent ensuite aussi malades que la personne venue les consulter. C'est pourquoi nous pensons que d'autres méthodes sont peut-être préférables à celle-ci.

9) Quelques textes traditionnels orientaux indiquent certains éléments caractéristiques définissant une fonction dominante de certains chakras. L'analyse de nos habitudes de sommeil est particulièrement intéressante.

Un homme vivant essentiellement à travers son premier chakra aura en général un grand besoin de sommeil : de 10 à 12 heures ; il préfère dormir sur le ventre. Des êtres ayant un besoin de 8 à 10 heures de sommeil et préférant dormir dans la position fœtale vivent en grande partie par le deuxième chakra, tandis que les personnes marquées particulièrement par le troisième chakra dorment de préférence sur le dos et leur besoin naturel en matière de sommeil est de 7 à 8 heures. L'homme ayant un quatrième chakra très développé dort habituellement couché sur le côté gauche et son sommeil n'est que de 5 à 6 heures par nuit. Si le cinquième chakra est ouvert et dominant, la personne dort 4 à 5 heures en alternance sur le côté gauche et le côté droit. Un être ayant un sixième chakra particulièrement développé et actif n'a besoin que de 4 heures de sommeil et de sommeil paradoxal, c'est-à-dire une phase de sommeil profond où le corps dort et la conscience intérieure veille. Cette forme de repos est celle de quelqu'un dont le septième chakra est ouvert. L'illuminé ne dort donc plus dans le sens habituel du verbe dormir, il accorde juste un peu de repos à son corps.

Ces éléments nous donnent donc également d'autres indices de contrôle des fonctions de nos chakras.

En dehors des possibilités énumérées ci-dessus, il existe également, pour tester les chakras, divers moyens techniques empruntés à la parapsychologie. Certains thérapeutes se servent notamment de pendules ainsi que des photos Kirlian pour analyser les chakras. Reconnaître l'état des chakras par le pendule ou la baguette n'est pas difficile : un chakra stable est indiqué par de grands cercles et un chakra instable par de tout petits cercles ou même par un arrêt du pendule ou de la baguette. Évidemment, ces techniques demandent un peu d'entraînement avant d'arriver à une différenciation certaine des résultats.

La photographie Kirlian est un processus technique qui consiste à prendre des photos – noir et blanc ou couleurs – des rayons énergétiques qui émanent par exemple de notre corps. Aujourd'hui, cette méthode offre de très intéressantes possibilités de diagnostic. Quelques médecins et naturopathes travaillent depuis quelques années avec une technique de diagnostic bioénergétique connue sous le nom de «diagnostic énergétique des points terminaux (Terminalpunktdiagnose)» et développée par le naturopathe Peter Mandel.

Les Japonais travaillent déjà avec des systèmes électroniques complexes pour permettre de diagnostiquer les plans subtils. Pour notre part, nous avons davantage confiance en nos propres possibilités intérieures, ce qui

Manuel des Chakras

explique cette simple énumération des aides techniques utilisées.

Si vous n'utilisez qu'une seule des méthodes présentées ici pour contrôler vos chakras, cela doit vous suffire. Mieux vaut bien dominer une chose que plusieurs à moitié ! Nous vous souhaitons donc de pouvoir appliquer intelligemment ces connaissances.

CHAKRAS ET SEXUALITÉ

La sexualité humaine est une expression et un reflet de l'acte créatif permanent se répétant sans cesse sur tous les plans de vie de notre univers. Lorsqu'au moment de la Création, l'unité s'est transformée en multiplicité, l'Essence informe s'est d'abord divisée en deux formes énergétiques fondamentales – une énergie masculine fécondatrice et une énergie féminine réceptrice. Depuis des milliers d'années déjà, les Chinois ont appelé ces énergies Yin et Yang. La Création est le résultat de ce jeu d'énergies. Le Yin féminin est en permanence fécondé par les spermes du Yang masculin et donne vie à des formes infiniment démultipliées.

Ce jeu de forces se manifeste, sur le plan physique humain, par la sexualité. Grâce à elle, l'homme reste toujours en contact avec l'acte créateur permanent de la vie dans sa totalité ; l'extase atteinte reflète la béatitude de la Création.

Les forces du Yin et du Yang s'expriment dans tout l'univers en tant que polarité. Pour pouvoir exister, chaque élément a besoin d'un opposé. Chaque pôle existe grâce à l'autre ; s'il y a une polarité qui disparaît, l'autre ne peut plus exister. Cette loi fondamentale s'applique partout. Par exemple nous pouvons expirer uniquement parce que nous avons fait une inspiration ; si nous stoppons l'une des deux actions, l'autre s'arrête automatiquement. L'intérieur conditionne l'extérieur, le jour / la nuit, la lumière / l'ombre, la naissance / la mort, la femme / l'homme, etc. ; mais les deux polarités sont interchangeables. Chaque polarité a besoin de son opposé pour être complète.

Le Yin et le Yang symbolisent assez bien le mouvement rythmique de toute la vie. Le Yin représente une partie du tout, la partie féminine, émotionnelle, passive et inconsciente, tandis que le Yang représente la

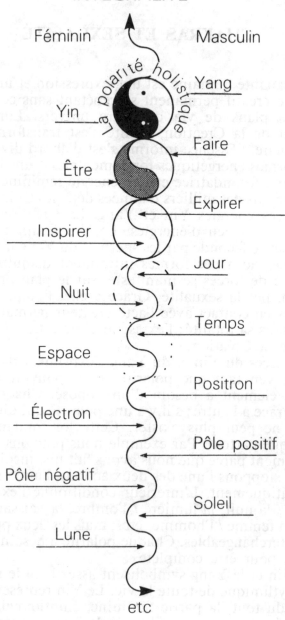

partie masculine, intellectuelle, active et consciente. Ceci ne signifie pas que l'un ou l'autre ait, pour autant, «plus de valeur».

L'équilibre régnant dans l'univers n'est que le résultat des rapports entre les opposés. Cet univers se situe dans un mouvement permanent, et par conséquent le Yin se trouve déjà, de façon latente, dans son opposé, le Yang, et vice versa. Cette réalité est symbolisée par le point blanc dans le Yin sombre et le point foncé dans le Yang blanc. Chacune des deux polarités contient ainsi déjà le germe de son opposé, et il ne faudra pas bien longtemps pour qu'une polarité se transforme dans sa polarité opposée. Dans certains domaines, une telle transformation peut s'effectuer en une fraction de seconde : prenons pour exemple le cas des atomes. Chez les êtres humains, un changement de polarité du féminin au masculin ou vice versa n'est possible qu'à travers nos différentes incarnations. Le jour et la nuit ont besoin de douze heures pour changer de polarité, quant à l'inspiration et à l'expiration, elles ne prennent que quelques secondes.

Changements de polarités.

Les choses vont et viennent, bougent et changent grâce à cet échange, à cette interaction entre les deux formes élémentaires de l'univers. Ce ne sont que les deux cycles qui forment l'unité parfaite.
Ces lois forment également la base de l'amour et de la sexualité. Deux polarités souhaitent toujours fusionner pour se fondre en unité, elles s'attirent comme les deux pôles opposés d'un aimant. Lors d'une fusion de ces forces opposées, elle s'interéchangent.
Tous les caractères fondamentaux de la femme et de l'homme sont en polarité opposée. Cette polarisation opposée existe également sur le plan énergétique. Partout où l'être masculin a une polarité positive, l'être féminin a une polarité négative, et vice-versa. Nous avons déjà expliqué dans le chapitre précédent que ce phénomène concerne également le sens de rotation des chakras. (Dans le cas d'homosexualité, la polarisation énergétique serait par exemple à l'inverse de la norme.)
Il existe entre l'homme et la femme une attirance et une complémentarité sur tous les plans représentés par les chakras, et engendrant une fusion parfaite et intime. Pour l'atteindre, les chakras doivent être dénués de tout blocage. Pendant l'union sexuelle, le courant énergétique passant le long du canal principal, la sushumnâ, est particulièrement animé et intensifié. Le courant énergétique du deuxième chakra s'en trouve énormément stimulé et, à condition qu'il n'y ait pas de blocages dans les autres chakras, ce trop-plein énergétique recharge du même coup tous les autres chakras. L'énergie sexuelle représentant une certaine forme de prâna se transforme alors selon les fréquences des autres chakras. A partir des chakras, elle rayonne en passant par les nâdis dans le corps physique et le corps énergétique qu'elle remplit d'énergie vitale. A l'apogée de cette union, l'immense décharge énergétique des deux partenaires traverse les sept chakras et engendre la fusion sur tous les plans représentés par les chakras. Les partenaires se sentent animés jusqu'au tréfonds d'eux-mêmes et en même temps parfaitement détendus ; ils ressentent une affection intime et un amour

dépassant largement la notion de possession personnelle. La relation des partenaires arrive ainsi à un accomplissement ne dépendant plus d'aucun facteur extérieur.

Cependant, une telle union sexuelle satisfaisante ne peut être vécue de cette façon que par des partenaires capables de s'engager totalement et de se libérer de toute peur risquant de bloquer le libre courant qui circule à l'intérieur de leur système énergétique. Si, en revanche, un seul chakra de l'un des partenaires se trouve bloqué, l'union ne peut plus atteindre la perfection souhaitée. De surcroît, le chakra bloqué provoque un dérèglement propagé à l'ensemble du courant énergétique du même chakra chez le partenaire.

La plupart des gens vivent leur sexualité uniquement à travers le deuxième chakra. Chez l'homme, l'énergie du chakra-racine joue un rôle dominant en tant que force motrice physique. Lorsque la sexualité se limite aux chakras inférieurs, le vécu reste en général relativement déséquilibré avec, pour conséquence, la déception des deux partenaires plutôt mécontents de leur expérience; aussi se séparent-ils assez vite pour se retrouver seuls. C'est un peu comme si on n'avait touché qu'à une ou deux cordes d'un instrument de musique à cordes – on n'aurait alors jamais pu saisir tout le timbre de l'instrument. Sur un plan énergétique, une telle pratique sexuelle consomme en effet beaucoup d'énergie parce qu'elle retire cette énergie des autres chakras pour la transformer en énergie sexuelle dégagée à travers le deuxième chakra. Les énergies sont alors gênées pour s'engager naturellement sur la voie menant au chakra le plus élevé en atteignant au passage les autres chakras qu'elles sont censé remplir d'une énergie vitale supplémentaire.

La voie la plus naturelle pour se libérer de ces blocages empêchant une fusion sexuelle parfaite sur tous les plans, consiste en l'échange des énergies au niveau du chakra du cœur. Quand les deux partenaires parviennent à ce que l'amour rayonne de leur cœur en toute liberté et sans angoisse, leurs systèmes énergétiques s'harmonisent progressivement. Des blocages liés à l'angoisse disparaissent et permettent un échange sur tous les niveaux entre les sept chakras.

Cela explique pourquoi l'union sexuelle est ressentie comme plus satisfaisante si les deux partenaires sont liés, en plus de leur attirance physique, par un sentiment d'amour profond. Celui-ci active des fréquences supérieures et permet à la sexualité de s'élever, au-delà de l'union purement corporelle, jusqu'à la fusion spirituelle.

On appelle cela l'art du tantra, enseigné et pratiqué depuis des millénaires. Il en résulte une expérience orgasmique d'une puissance à peine imaginable. Un tel vécu nous conduit en effet sur les plans d'une autre dimension d'expérience et de sensation. Nous prenons subitement conscience que ces énergies sexuelles ne sont pas exclusivement enfermées dans nos organes génitaux. Elles se trouvent dans chacune de nos cellules ainsi que dans tout rapport de forces féminine et masculine exprimées à travers la création. L'union parfaite avec un partenaire aimé nous conduit à cette expérience de la fusion intime avec la vie dans l'univers ; au moment de l'orgasme, en cet instant où la dualité n'existe plus pour un infime laps de temps, nous vivons l'unité avec cette Essence absolue et informe, fondement constant et but ultime du jeu des polarités.

Chakras et sexualité

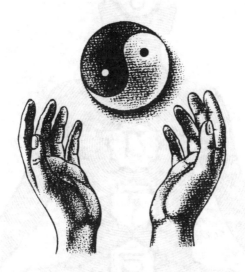

Le jeu de la vie, dualité et unité.

Manuel des Chakras

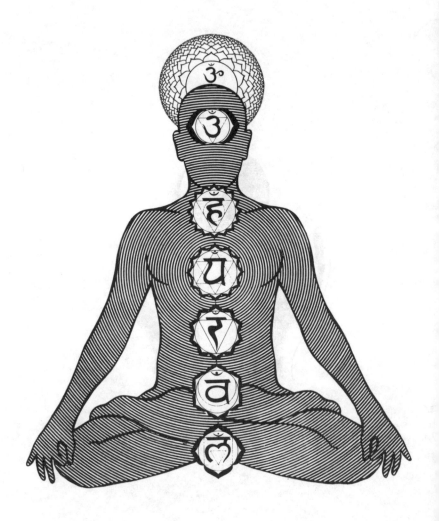

PREMIER CHAKRA

*Mûlâdhâra-Chakra ou Chakra-Racine,
appelé également
Chakra de base ou Centre coccygien*

Manuel des Chakras

Le premier chakra se trouve entre l'anus et les organes génitaux. Il est relié aux coccyx et s'ouvre vers le bas.

LE PREMIER CHAKRA
SES ÉQUIVALENCES

Couleur : Le premier chakra actif est de couleur rouge vif

Élément : Terre

Fonction sensorielle : Odorat

Symbole : Lotus à quatre pétales

Principe fondamental : Conscience physique (opposée à la conscience spirituelle du septième chakra)

Organes physiques : Tout ce qui est dur comme la colonne vertébrale, les os, les dents et les ongles ; anus, rectum, gros intestin, prostate, sang et structure cellulaire.

Glande endocrine : Capsules surrénales.
Les capsules surrénales sécrètent deux hormones, l'adrénaline et la noradrénaline, qui ont pour fonction d'adapter le système circulatoire aux besoins du moment par une vaso-constriction intense. Celle-ci met le corps dans un état d'attente latente et peut le faire réagir immédiatement. Les surrénales jouent également un rôle dominant dans l'équilibre de la température du corps.

Astrologie :
Bélier/Mars : Recommencement, énergie vitale initiale, force de s'imposer, envie de combattre.
Taureau : Attachement à la terre, continuité, possession, plaisir des sens.
Scorpion/Pluton : Attachement dans l'inconscient, force sexuelle, changement et renouvellement.
Capricorne/Saturne : Structure, solidité.
  Dans l'*Ayurveda*, le Soleil, celui qui donne la vie, est attaché au chakra-racine.

OBJECTIF ET FONCTION DU PREMIER CHAKRA

Le chakra-racine nous relie au monde physique. Il canalise les énergies cosmiques vers le plan physico-terrestre tandis qu'en même temps, les énergies de la terre pénètrent par ce chakra dans le système énergétique subtil.

C'est par ce centre que nous prenons contact avec «l'esprit de notre mère la Terre», c'est là que nous connaissons sa force élémentaire, son amour et sa patience.

Les besoins fondamentaux, individuels ou collectifs, de vie et de survie, inhérents à notre planète font partie du champ d'action du premier chakra.

L'acceptation de la vie ici-bas, de l'existence physique et de la disposition à agir en harmonie avec la force de la terre et la volonté d'en apprendre les lois, sont les dons d'un premier chakra ouvert.

La chakra-racine est donc en rapport avec l'élément terre et sa couleur est le rouge de l'énergie et de l'activité, du noyau intérieur de notre planète. Il nous donne la stabilité de la terre pour y fonder notre existence et nous empêcher de «perdre pied»; il nous procure en même temps l'énergie nécessaire capable de faciliter notre activité créatrice dans le monde. Il nous donne persévérance et force de nous imposer.

Faire sa vie, parvenir à une sécurité matérielle et «assurer la survie de l'espèce» en fondant une famille font bien aussi partie de l'activité du premier chakra au même titre que la sexualité en tant que fonction corporelle et en tant que moyen de procréer.

Le chakra-racine forme la base vitale et la source de force de première nécessité pour les chakras supérieurs. Grâce à lui, nous sommes reliés au réservoir énergétique inépuisable de l'énergie de la kûndâlînî. Les trois canaux principaux, la sushumnâ, l'idâ et la pingâla partent de ce chakra. Comparable à notre cœur dans le corps physique, le chakra de base est le centre de notre circulation énergétique subtile. C'est en même temps le siège de notre inconscient collectif, dont les connaissances stockées en nous sont rendues accessibles par ce biais. Pour que l'homme soit intérieurement équilibré, ce premier chakra doit être contrebalancé par le septième.

Fonctionnement harmonieux

Si votre chakra-racine est ouvert et s'il fonctionne harmonieusement, vous ressentez un lien profond et personnel avec la terre et ses créatures, une force vitale illimitée, une stabilité en vous-même et dans votre vie, une satisfaction et une force intérieure. Vous vous sentez intégré dans le circuit naturel de la vie, dans l'alternance entre le repos et l'activité, entre la mort et une nouvelle naissance. Tout ce que vous faites est animé du désir de participer à la création de la vie sur votre planète Mère et ce, en harmonie avec la force créatrice de la terre et la vie dans la nature. Vous n'avez aucune difficulté pour atteindre les buts que vous vous êtes fixés ici-bas. Votre vie est marquée par une confiance primordiale sans faille. Vous ressentez la terre comme le lieu à partir duquel vous pouvez vous procurer tout ce dont vous avez besoin : subside, alimentation, protection et sécurité. Ainsi vous ouvrez-vous, plein de confiance, à la vie terrestre et vous acceptez tout ce qu'elle vous donne avec plaisir et gratitude.

Fonctionnement dysharmonieux

Si le premier chakra connaît un développement unilatéral ou un mauvais fonctionnement, toute votre pensée et vos actions sont focalisées sur la possession et la sécurité matérielle, ou également autour des plaisirs et des excitations des sens ; par exemple : la bonne cuisine, les boissons alcoolisées, le sexe, etc. Tout ce que vous désirez, vous souhaitez vous «l'approprier et jouir» tout de suite sans penser aux conséquences que cela peut engendrer. En même temps, vous avez sans doute quelques difficultés à donner et à recevoir ouvertement. Vous avez tendance à prendre toutes les mesures existantes pour vous sécuriser et vous protéger. Sur un plan physique, ce manque de lâcher-prise se manifeste souvent sous la forme de la constipation et d'un surpoids.

Votre façon d'agir est essentiellement orientée vers la satisfaction de vos propres besoins. Vous ne remarquez pas, inconsciemment, les besoins d'autrui, pas plus que ceux de votre corps, notamment sa demande d'une alimentation saine et modérée, suffisamment de repos et une vie équilibrée et harmonieuse.

Dans des cas extrêmes, vous vous attachez à certaines idées et à certains désirs dont vous n'arrivez plus à vous départir. Dès que cette fixation est mise en question par les circonstances ou par autrui, vous réagissez, légèrement tendu et contrarié, voire même de façon agressive ou colérique. Imposer à tout prix ses propres désirs et idées est très significatif d'un chakra-racine déréglé.

La colère, la contrariété et la violence sont en définitive des mécanismes de défense liés à un manque de confiance primordiale. Et ce manque cache toujours l'angoisse de perte ou d'incapacité à atteindre l'élément vous procurant sécurité et bien-être.

La terre est pour vous un lieu qu'il faut dominer et exploiter pour garantir la survie de l'humanité. Ainsi l'exploitation excessive menaçant aujourd'hui les forces de la terre et la destruction de son équilibre naturel sont-ils des symptômes d'un dérèglement du chakra-racine de la plupart des gens aujourd'hui.

Dysfonctionnement

Lorsque le chakra-racine est bloqué ou fermé, votre constitution corporelle est relativement faible et vous avez très peu de résistance physique et psychique. Une multitude de choses vous procurent des soucis; vous connaissez particulièrement bien le sentiment d'insécurité. Probablement avez-vous aussi souvent l'impression de perdre pied, de vous sentir comme «sur un nuage» ou «pas tout à fait là». Vous avez certaines difficultés à faire face aux besoins de la vie; vous manquez souvent de stabilité et de courage pour vous imposer. La vie sur terre vous semble être plutôt un fardeau qu'une joie. L'envie d'une vie plus facile, plus agréable et moins exigeante est chez vous quasi permanente.

Si vous avez développé unilatéralement vos chakras supérieurs, un fonctionnement défectueux du chakra-racine peut vous donner l'impression de ne pas faire vraiment partie de ce monde. Du fait que vous ayez peine à assimiler les forces élémentaires par votre chakra-racine, et si cette déficience est accentuée par un blocage du chakra sacré et du chakra solaire, vous pouvez avoir certaines réactions de fuite – notamment l'anorexie. Tant que vous n'avez pas compris qu'il vous faut accepter les problèmes de la «vie terrestre» auxquels vous êtes confrontés, comme étape de l'évolution holistique, vous resterez confronté à vos problèmes éminemment matériels.

COMMENT PURIFIER ET ACTIVER LE PREMIER CHAKRA

La thérapie par la nature

Contempler le lever ou le coucher d'un soleil rouge sang ou les lumières apaisantes de l'aurore ou du crépuscule revivifie et harmonise le chakra-racine et dissout les structures trop resserrées de son champ d'action.

Pour entrer en contact avec les forces de la détente, stabilisantes et restructurantes de la planète par le biais de votre premier chakra, mettez-vous en posture de lotus ou asseyez-vous en tailleur sur la terre fraiche et inspirez consciemment son odeur.

Si vous arrivez à combiner ces deux expériences naturelles, vous exercez une influence optimale et holistique sur le chakra-racine.

La thérapie par la musique

Forme de musique : Une musique marquée de rythmes monotones et bien soutenus est particulièrement adaptée pour *activer* le chakra-racine. La musique archaïque des peuples primitifs s'y prête particulièrement bien. Leurs danses rétablissent le lien perdu avec la nature, ses forces et ses entités.

Vous pouvez vous servir des sons de la nature pour *harmoniser* le chakra-racine. Si vous n'avez aucun moyen de puiser ces sons directement dans la nature, vous pouvez vous servir de cassettes ou de disques.

Voyelle : Le chakra-racine est marqué par la voyelle « u » chantée sur le do basse de la gamme chromatique. Le son « u » déclenche un mouvement descendant vers vos racines. Il vous conduit vers les profondeurs de votre inconscient et revivifie les forces primitives et terrestres du premier chakra.

Mantra : LAM

La thérapie par les couleurs

Le premier chakra est activé par un rouge vif et lumineux. La couleur rouge réchauffe et ranime, elle donne vitalité, force de vivre et courage. Si le rouge est mélangé à un peu de bleu, il vous permet de faire pénétrer en vous la force spirituelle dans vos impulsions vitales.

La thérapie par les pierres

Agathe : L'agathe apporte sincérité, stabilité et équilibre. Elle aide à dissoudre les émotions négatives et protège l'être intérieur. Elle éveille la considération pour votre propre corps, ce qui a une action bénéfique sur les organes génitaux. De fines coupes d'agathe avec des inclusions cristallines apportent à la vie naissante en vous – qu'il s'agisse d'un enfant physique ou spirituel – sécurité et protection. Elles redonnent confiance et facilitent l'accouchement.

Hématite : L'hématite, ou sanguine, apporte force et stabilité, elle renforce et stimule le corps en mobilisant les forces cachées. Elle aide en cas de faiblesse et facilite le rétablissement après une maladie. Elle soutient également une bonne formation sanguine et cellulaire.

Jaspe sanguin : Ce jaspe de couleur verte et rouge vous relie à la force élémentaire et à l'amour patient de notre « Mère la Terre ». Il vous apprend le désintéressement et la modestie, tonifie le sang, donne vitalité, stabilité et patience. Il purifie et transforme le corps physique, et donne l'impression d'être un abri dans le circuit naturel de la vie qui procure force et paix.

Grenat : Le grenat donne énergie, force de volonté,

confiance en vous et succès. Il ouvre le regard sur les choses cachées, pouvant aller jusqu'à la clairvoyance. Il stimule la sexualité et aide à la transmuter dans une énergie constructive et transformatrice. Sur le plan corporel, il intervient en cas de maladie des organes sexuels et stimule la circulation sanguine.

Corail rouge : Le corail rouge donne une énergie et une force toujours en mouvement. Il est stimulant et tonifie la composition sanguine. Il apporte la stabilité et facilite en même temps une certaine flexibilité, ce qui vous permet de rester ferme envers vous-même tout en vous tenant au courant de la vie.

Rubis : Le rubis est porteur d'une énergie chaude et créatrice qui donne la vie et conduit à la purification et à la transformation. Il crée une liaison harmonieuse entre l'amour physique et spirituel, entre la sexualité et la spiritualité, ce qui ouvre les portes à de nouvelles expériences.

La thérapie par les arômes

Cèdre : L'odeur âpre de l'essence de cèdre vous relie aux forces et aux entités terrestres de la nature. Il permet de réunir les énergies, apporte le calme et procure un sentiment de protection au sein de notre Mère la Terre.

Clou de Girofle : L'huile de clou de girofle permet la libération des énergies bloquées au niveau du chakra-racine. Elle facilite la volonté d'abandonner les anciens paradigmes limitatifs nés du besoin de limitation et de sécurité; le clou de girofle rend plus ouvert aux énergies nouvelles et fraîches. Pour qu'il vous apporte le changement et le renouvellement, il suffit que vous acceptiez le message de ses vibrations.

Formes de yoga ayant une action primaire sur le premier chakra

Hatha-yoga : Développement de la conscience grâce à la purification et à la stimulation des bases corporelles ; ceci se fait par certains exercices et certaines positions physiques combinées avec des exercices respiratoires.

Kundalinî-yoga : Éveil de la dite puissance du serpent montant du coccyx le long de la colonne vertébrale en passant par tous les autres chakras pour les activer et les stimuler. Une multitude d'exercices physiques et spirituels œuvrent en ce sens.

DEUXIÈME CHAKRA

*Svâdhistâna-Chakra ou Chakra sacré
appelé également
Centre du Sacrum*

Manuel des Chakras

Le deuxième chakra se trouve au-dessus des organes génitaux. Il est relié au sacrum (lat. : os sacrum) et il s'ouvre vers le devant.

LE DEUXIÈME CHAKRA
SES ÉQUIVALENCES

Couleur : Orange

Élément : Eau

Fonction sensorielle : Goût

Symbole : Lotus à six pétales

Principe fondamental : Reproduction créatrice de l'Essence

Organes physiques : Le bassin, les organes génitaux, les reins, la vessie ; tout ce qui est liquide comme le sang, la lymphe, le suc gastrique, le sperme.

Glande endocrine : La gonade – l'ovaire et le testicule. La gonade ou glande sexuelle a pour fonction de définir le sexe gonatique de l'homme, c'est-à-dire les formes typiques du sexe masculin ou du sexe féminin ; elle règle également le cycle féminin.

Astrologie :
Cancer/Lune : Richesse de sentiments, réceptivité, fertilité.
Balance/Vénus : Orientation vers l'autre, relations de partenariat, sensualité, sens artistique.
Scorpion/Pluton : Désir sensuel, transformation de la personnalité par le lâcher-prise du Moi dans l'union sexuelle.

Remarque : Quelques textes indiquent comme deuxième chakra celui de la rate. Mais il s'agit plutôt d'un centre secondaire important dont la fonction est rattachée au troisième chakra. Cette modification du système initial est en rapport avec la négation de la sexualité dans certains enseignements ésotériques. Plus tard, les différents systèmes ont été mêlés et de nos jours, la sexualité est souvent mise en relation avec le chakra de la rate ou le chakra-racine.

OBJECTIF ET FONCTION DU DEUXIÈME CHAKRA

Le deuxième chakra est le centre des émotions originales, des énergies sexuelles et des forces créatrices. Il est en rapport avec l'élément eau, source de toute vie biologique et correspondant, en astrologie, au secteur émotionnel.

L'eau fertilise et dans la Création, fait naître une vie nouvelle. Grâce au chakra sacré, nous participons aux énergies fécondantes et réceptrices de la nature. Nous faisons partie d'un processus créatif éternel qui s'exprime en nous et à travers nous sous forme de sensations et d'actions créatrices.

Le chakra sacré est souvent considéré comme le véritable siège de la shakti, qui représente l'aspect «féminin» du Dieu Créateur. Chez une personne de sexe masculin, son champ d'action englobe les organes génitaux, qui portent en eux des impulsions pouvant créer une nouvelle vie. Chez la femme, se trouvent, dans ce chakra, les éléments par lesquels elles reçoit des impulsions créatrices pour y faire naître une vie nouvelle ; c'est ici que l'être naissant est protégé, nourri et pourvu de tout ce dont il a besoin pour croître.

L'eau est également un élément purificateur. Elle dissout et emporte tout ce qui est figé et cherche à s'opposer à son mouvement dynamique. Sur un plan corporel, cela prend la forme de la désintoxication et de l'élimination par les reins et la vessie. Sur un plan psychique, nous ressentons ce chakra à travers le lâcher-prise et le «laisser-aller» de nos sentiments, en vue de nous préparer à revivre notre vie toujours recommencée de façon spontanée et neuve.

Nos rapports avec autrui, notamment avec le sexe opposé, sont profondément marqués par ce deuxième chakra. Les différentes variantes de l'érotisme font aussi bien partie du champ d'action de ce chakra que le lâcher-prise de l'ego limité, ou l'expérience d'une unité plus profonde grâce à l'union sexuelle.

Fonctionnement harmonieux

Le fonctionnement harmonieux d'un chakra sacré ouvert se manifeste à travers l'adaptation à la mouvance naturelle de la vie et des sentiments. Vous êtes ouvert et naturel face à autrui, et surtout face aux personnes du sexe opposé. L'union sexuelle avec un être aimé vous donne la possibilité de vous intégrer dans la danse vibratoire des énergies masculines et féminines de la Création, afin de vivre en unité suprême avec toute la nature et progresser vers l'intégralité intérieure.

Vous ressentez couler à travers votre corps, votre âme et votre esprit ce courant de vie lié à la Création. Vous faites ainsi partie intégrante de la joie profonde de la Création et la vie ne cesse de vous étonner et de vous enthousiasmer. Vos sentiments sont spontanés, vos actions créatrices. Elles fécondent à la fois votre propre vie et celles de ceux qui vous entourent.

Fonctionnement dysharmonieux

L'origine d'un mauvais fonctionnement du chakra sacré se situe souvent à l'époque de la puberté. L'éveil des forces sexuelles déstabilise parce que les parents et les éducateurs sont rarement capables de transmettre le bon moyen d'utiliser ces énergies. Pour peu que, dans votre enfance, vous ayez en plus manqué de tendresse et de contact corporel, alors il peut en résulter pour vous une forme de négation et de refus de la sexualité. Cela vous fait perdre l'expression spontanée de son potentiel créateur et engendre des déviations de ces énergies. Ces phénomènes engendrés revêtent fréquemment la forme d'une imagination sexuelle exagérée ou d'une attitude instinctuelle refoulée qui, de temps à autre, rompt cette inhibition. Une autre conséquence possible peut être l'utilisation de la sexualité comme une drogue. Dans ce cas, son potentiel créateur n'est pas mieux reconnu et aussi mal orienté. Dans les deux cas sont engendrées une profonde insécurité et une attitude tendue vis-à-vis de l'autre sexe. Votre sentiment sensuel est alors relativement grossier et vous avez tendance à chercher surtout la satisfaction de vos propres besoins sexuels.

Peut-être aspirez-vous tout simplement à une relation sexuelle satisfaisante, sans avoir pris conscience de ce que la cause de la non-réalisation d'un tel désir se trouve bel et bien en vous.

Ayant perdu le naturel et l'innocence du contact avec vos énergies sexuelles, vous fermez également cette porte ouverte sur l'expression de ces énergies dans la création, le jeu des forces Yin et Yang et l'étonnement enfantin face aux miracles de la vie.

Dysfonctionnement

Une déficience de la fonction du chakra sacré trouve, la plupart du temps, son origine dans l'enfance. Vos parents avaient déjà probablement refoulé leur propre sensualité et leur sexualité et il vous a manqué toutes formes de stimulation sensuelle telles que des attouchements ou des caresses. La conséquence majeure en est aujourd'hui que vous avez totalement débranché vos antennes dans ce domaine.

Ensuite, au cours de la puberté, vous avez sans doute complètement bloqué vos énergies sexuelles naissantes. Leur refoulement « réussi » provoque en vous un manque de mesure objective de votre propre valeur, une somnolence de vos émotions ainsi qu'une froideur sexuelle. La vie vous semble triste, ne valant pas la peine d'être vécue.

COMMENT PURIFIER ET ACTIVER LE DEUXIÈME CHAKRA

La thérapie par la nature

La lumière de la lune et la vue ou le contact avec l'eau claire dans son cadre naturel ont pour effet d'animer le deuxième chakra.

La lune, et surtout la pleine lune, stimule vos sensations et les rend perceptibles aux messages de votre âme qui désire vous les transmettre par des images traversant votre imagination ou vos rêves.

Observer silencieusement des eaux claires et naturelles, y prendre un bain ou boire quelques gorgées d'une source fraîche vous aident à purifier votre âme et à la libérer de ses blocages et de ses inhibitions émotionnelles, pour ouvrir largement la porte à la vie qui est en vous.

Si vous avez la possibilité de jumeler l'observation de la lune avec le contact de l'eau, vous pouvez être assuré d'un effet maximal sur votre deuxième chakra.

La thérapie par la musique

Forme de musique : Toutes sortes de musiques éveillant le plaisir de vivre sans aucune restriction peuvent *activer* le deuxième chakra. Les mouvements rythmiques des danses folkloriques et des danses en couple en font partie. Sinon, toute musique mettant vos émotions à l'épreuve.

Pour *calmer* et *harmoniser* le chakra sacré, vous pouvez écouter le chant des oiseaux, le bruissement de l'eau qui coule dans la nature, ou le murmure d'une fontaine d'appartement.

Voyelle : Le chakra sacré est activé par le « o » fermé chanté sur le ré de la gamme chromatique. Le son « o »

Deuxième chakra

déclenche un mouvement circulaire. Dans sa forme fermée se rapprochant du «u», il éveille la profondeur des sentiments et vous conduit dans la globalité orbiculaire, où le Yin et le Yang, l'énergie féminine et masculine, forment une unité dans le jeu harmonieux des forces.

Dans notre langue, l'exclamation «oh!» est l'expression d'un profond étonnement. Notre capacité d'étonnement face aux miracles de la Création est donc revivifiée par le «o».

Mantra : VAM

La thérapie par les couleurs

La couleur orange active le deuxième chakra. Cette couleur apporte une énergie vivifiante et novatrice et libère des structures émotionnelles figées. Elle augmente la notion de nos propres valeurs et éveille la jouissance sensuelle. Dans les textes ayur-védiques, on parle de l'orange comme couleur intérieure de l'eau.

La thérapie par les pierres

Cornaline : La cornaline vous relie à la beauté et à la force créatrice de cette terre. Elle vous aide à vivre l'instant présent et favorise la concentration. Elle vous redonne la possibilité de vous étonner devant la Création, elle remet le courant de la vie en activité et favorise l'expression créatrice.

Pierre de lune : La pierre de lune ouvre votre richesse affective. Elle vous relie à votre être sensible, réceptif et fantastique et vous facilite l'acceptation d'un aspect de vous-même en vous permettant de mieux l'intégrer à votre personnalité. Elle enlève la peur de vos sentiments et harmonise l'équilibre émotionnel.

Sur le plan physique, cette pierre facilite la purification des voies lymphatiques bloquées et l'équilibre hormonal chez les femmes.

La thérapie par les arômes

Ylang Ylang : L'huile essentielle des fleurs de l'arbre Ylang Ylang a un effet aphrodisiaque bien connu. Elle vous détend profondément et vous rend en même temps sensible aux sensations sensuelles subtiles. Son agréable parfum donne une impression de sécurité vous permettant de vous confier de nouveau au rythme de vos sentiments. Des émotions bloquées ou agitées sont ainsi éloignées et dissoutes.

Santal : L'Orient utilisait fréquemment le bois de santal pour stimuler les énergies spirituelles et pour élever l'union avec le partenaire aimé au niveau d'une expérience spirituelle. En plus, le santal stimule l'imagination et crée le plaisir de l'acte créatif. Les vibrations de l'huile de santal favorisent l'intégration d'énergies spirituelles sur tous les plans de la pensée, des sens et de l'action.

Forme de yoga ayant une action primaire sur le deuxième chakra

Tantra-yoga : Le Tantra considère toute la nature comme un jeu des forces féminines et masculines, de Shakti et de Shiva, qui créent le monde des apparences dans une danse créatrice sans fin.

Le Tantra aspire à une union avec cette « spiritualité cosmique » en facilitant l'ouverture des sens, l'acceptation totale de la vie, le raffinement et l'élévation du vécu sexuel.

TROISIÈME CHAKRA

*Manipûra-Chakra ou Chakra du Plexus Solaire
appelé également
Centre du nombril, mais aussi
Chakra de la rate, de l'estomac et du foie*

Manuel des Chakras

Le troisième chakra se trouve à peu près deux doigts au-dessus du nombril. Il s'ouvre vers le devant.

LE TROISIÈME CHAKRA
SES ÉQUIVALENCES

Couleur : Du jaune au jaune d'or

Élément : Feu

Fonction sensorielle : Vue

Symbole : Lotus à dix pétales

Principe fondamental : Réalisation de l'Essence

Organes physiques : Le bas du dos, la cavité abdominale, le système digestif, l'estomac, le foie, la rate, la vésicule biliaire ; le système nerveux végétatif.

Glande endocrine : Glande pancréatique (foie).
Le pancréas joue un rôle déterminant dans la digestion de la nourriture. Il produit une hormone, l'insuline, dont la fonction est importante dans le métabolisme glucidique ainsi que dans l'équilibre glycémique. Le pancréas sécrète des enzymes essentielles pour les métabolismes lipidiques et protéiques.

Astrologie :
Lion/Soleil : Chaleur, force, plénitude, recherche d'appréciation, de pouvoir et de position sociale.
Sagittaire/Jupiter : Acceptation des expériences existentielles, agrandissement et élargissement, synthèse, sagesse, intégralité.
Vierge/Mercure : Décodage, analyse, adaptation, service désintéressé.
Mars : Énergie, activité, volonté d'agir, imposition de sa propre personnalité.

OBJECTIF ET FONCTION DU TROISIÈME CHAKRA

Ce troisième chakra peut être appelé par des noms différents. Son emplacement dans le corps peut également être indiqué différemment. Il s'agit d'un chakra principal et de plusieurs chakras secondaires dont les fonctions sont si proches et si liées entre elles qu'on peut les regrouper sous un seul chakra principal.

Ce troisième chakra a donc des fonctions assez complexes. Il est attaché à l'élément feu, le feu symbolisant la lumière, la chaleur, l'énergie et l'activité ainsi que la purification sur le plan spirituel.

Le chakra du plexus solaire représente notre soleil, notre centre de force. C'est par là que nous assimilons l'énergie solaire qui nourrit, entre autres, notre corps éthérique et qui apporte donc sa vitalité et sa nourriture à notre corps physique également. Par ce troisième chakra, nous entrons en contact actif avec tout ce qui se passe dans le monde et avec les autres hommes. C'est à partir de là que notre énergie émotionnelle communique avec l'extérieur. Ce centre pilote pour une large part nos relations sociales, nos sympathies et nos antipathies ainsi que notre capacité à vivre des relations émotionnelles durables.

Le troisième chakra est le siège de la personnalité. C'est ici que l'homme trouve l'identification sociale dont il recherche toujours confirmation par sa force personnelle, par sa volonté d'effort et par sa recherche du pouvoir, mais aussi par une adaptation aux normes sociales.

L'un des rôles les plus importants du troisième chakra consiste à purifier les désirs et les instincts des chakras inférieurs, à canaliser et à utiliser consciemment leur énergie créatrice et à manifester la richesse spirituelle des chakras supérieurs dans le monde matériel pour atteindre ainsi une vie aussi accomplie que possible.

Ce centre est en rapport direct avec le corps astral –

également appelé corps du désir qui véhicule nos émotions. C'est là que les pulsions vitales, les désirs et les sentiments des chakras inférieurs sont décryptés, « digérés » et transformés en énergie supérieure avant d'être utilisés, avec les énergies des chakras supérieurs, pour la réalisation consciente de notre vie.

L'acceptation et l'intégration réfléchie de nos sentiments et de nos désirs ainsi que des expériences de notre vie provoquent une ouverture de ce troisième chakra ; cette ouverture faisant augmenter la lumière qui est en nous afin d'éclairer de plus en plus notre vie et le monde qui nous entoure.

Notre état d'âme dépend, en très grande partie, de la quantité de lumière que nous laissons pénétrer en nous. Lorsque le troisième chakra est ouvert, nous nous sentons éclairés, joyeux et intérieurement bien remplis ; en cas de blocage ou de dérèglement de ce chakra, notre humeur est déséquilibrée et sombre. Nous projetons également ces sensations vers l'extérieur, ce qui nous fait apparaître toute notre vie dans la clarté ou dans l'obscurité. La quantité de lumière en nous détermine aussi la clarté de notre vue et la qualité de ce que nous regardons.

Grâce à l'intégration grandissante et à l'intégralité intérieure, la lumière jaune de la compréhension intellectuelle du troisième chakra se transforme lentement en une lumière dorée, signe de sagesse et de plénitude.

A travers le chakra solaire, nous captons directement les vibrations des gens autour de nous et nous réagissons selon cette qualité vibratoire. Si nous sommes confrontés à des vibrations négatives, nous ressentons souvent ainsi le danger. Nous nous en rendons compte parce que le troisième chakra se rétrécit immédiatement en signe de protection éphémère. Or, cette protection devient superflue dès que la lumière devient assez puissante en nous pour rayonner vers l'extérieur et entourer notre corps de son manteau protecteur.

Fonctionnement harmonieux

Si votre troisième chakra est ouvert et s'il fonctionne harmonieusement, alors il vous donne une sensation de paix, d'harmonie intérieure avec la vie et avec le rôle que vous y jouez. Vous vous acceptez intégralement tel que vous êtes, tout en étant capable de respecter les sentiments et les qualités d'autrui.

Très naturellement, vous acceptez les sentiments, les désirs et les expériences de la vie ; vous concevez leur rôle dans votre propre évolution et la nécessité de les intégrer à votre personnalité pour qu'ils puissent vous conduire vers l'intégralité.

Votre façon d'agir se trouve tout naturellement en harmonie avec les lois naturelles agissant dans tout l'univers comme dans l'homme. Elle facilite votre évolution et contribue à ce que vous et vos proches puissent acquérir une richesse et une plénitude intérieures et extérieures. Vous êtes rayonnant de lumière et de force. La lumière, en vous, entoure également votre corps, rayonne autour de vous et vous protège ainsi contre des vibrations négatives.

Si le chakra frontal et le chakra coronal sont également ouverts, vous reconnaissez que tout ce qui est visible se compose de vibrations de lumière différentes. Vos désirs s'accomplissent spontanément, parce que, étant tellement lié à la force de la lumière des choses, vous attirez ce que vous souhaitez comme un aimant.

C'est ainsi que vous réalisez dans votre vie courante l'idée de la plénitude correspondant à votre héritage divin.

Fonctionnement dysharmonieux

Lorsque votre troisième chakra est déréglé et qu'il n'agit que de manière unilatérale, vous avez tendance à vouloir tout influencer en votre faveur, à contrôler votre monde intérieur et extérieur, à exercer votre pouvoir et votre désir de conquête. Le problème est que vous vous sentez poussé par une agitation intérieure et une profonde insatisfaction. Probablement avez-vous manqué d'estime dans votre enfance et votre jeunesse. Ce manque vous a empêché de développer un sentiment réel de vos valeurs et vous êtes maintenant à la recherche, dans votre vie extérieure, de cette confirmation de vos qualités intrinsèques et de cette satisfaction qui vous font défaut intérieurement. Vous développez ainsi un intense besoin d'activité dissimulant ce sentiment qui vous ronge d'insuffisance. Il vous manque le calme intérieur et vous avez des difficultés à lâcher prise et à vous détendre.

Vous avez probablement un certain succès dans votre recherche de reconnaissance et de richesse extérieure.

Or, cette attitude que vous entretenez, selon laquelle tout est possible, vous mène à contrôler ou à refouler vos sentiments «gênants» et indésirables. Conséquence : vos émotions sont bloquées. Cependant, de temps à autre, elles franchissent ce mur de refus et de contrôle et vous submergent sans que vous soyez capable de les canaliser convenablement. Il vous arrive aussi fréquemment de sortir de vos gonds ; votre irritation n'est alors qu'un signe de toutes les contrariétés accumulées au fil du temps sans avoir été assimilées.

Finalement, vous êtes bien obligé de constater que la recherche de la richesse extérieure et de l'estime n'apporte aucune satisfaction durable.

Dysfonctionnement

Un troisième chakra n'assurant pas sa fonction normale vous donne l'impression d'être dépressif et sans ressort. Partout, vous voyez des obstacles s'opposant à la réalisation de vos souhaits.

Le libre développement de votre personnalité a été déjà, sans doute, fortement contraint durant votre enfance. Pour ne pas déplaire et rester apprécié de vos parents ou de vos éducateurs, vous avez presque complètement retenu l'expression de vos sentiments et vous avez « avalé un tas de choses impossible à digérer ». Ainsi se sont formées des impuretés émotionnelles qui réduisent l'énergie de feu du chakra du plexus solaire, enlevant toute force et toute spontanéité à vos actes et à vos désirs.

Même aujourd'hui, vous tentez de conquérir l'appréciation en vous adaptant, ce qui engendre un refus et une intégration déficiante des désirs et des émotions vitales. Dans des situations difficiles, vous vous sentez mal à l'aise ou tellement nerveux que vous agissez avec agitation et mauvaise coordination.

Vous préféreriez ne pas avoir à faire face à de nouveaux défis. Les expériences inconnues vous font peur et vous ne vous sentez pas du tout à la hauteur dans le soi-disant combat existentiel.

Troisième chakra

COMMENT PURIFIER ET ACTIVER LE TROISIÈME CHAKRA

La thérapie par la nature

La lumière dorée du soleil correspond à la lumière, à la chaleur et à l'énergie du chakra solaire. Dès que vous vous ouvrez à son influence, ses capacités vont être stimulées en vous.

L'observation d'un champ de colza ou de blés mûrs, sur lequel le soleil se reflète, vous apporte le vécu de la plénitude reflétée en tant que résonance de la chaleur et de la force lumineuse du Soleil.

Au milieu des tournesols, dans l'union avec ce cercle en rotation, vous pouvez voir des dessins naturels tourner en spirale, et dans leurs pétales, vous pouvez apercevoir des lumières dorées rayonnant vers l'extérieur. En contemplant les dessins de ce mandala naturel, vous prenez conscience combien l'expérience intérieure de l'unité peut être un mouvement harmonieux d'activités ordonnées et sensées rayonnant vers l'extérieur de toute leur force dans la joie, et aussi dans leur douce beauté.

La thérapie par la musique

Forme de musique : Le troisième chakra est *activé* par des rythmes de feu. Pour *harmoniser* le chakra du plexus solaire, on peut écouter de la musique orchestrale réunissant harmonieusement une multitude de sons différents. Pour le *calmer,* en cas d'hyperactivité, une musique relaxante vous fait retrouver votre centre.

Voyelle : Le chakra du plexus solaire est attaché à la voyelle «o» ouvert, chantée sur le mi de la gamme chromatique. Le «o» engendre un mouvement circulaire, orienté vers l'extérieur du fait de l'ouverture du «o». Il facilite la réalisation extérieure de l'Essence reposant sur l'intégrité intérieure. Le «o» ouvert penche vers le «a» du chakra du cœur. Il apporte l'ouverture, la plénitude et la joie.

Mantra : RAM

La thérapie par les couleurs

Un jaune d'or, clair et rempli de soleil, active et renforce la fonction du troisième chakra. Le jaune excite les nerfs et le cerveau et facilite le contact et l'échange avec autrui. Il contrebalance l'impression de fatigue intérieure ; il apporte la gaieté, la sérénité et la détente. Si vous êtes trop passif ou trop rêveur, la couleur jaune vous aide à retrouver une activité dans la vie. Elle facilite aussi bien la digestion physique que « psychique ».

En cas de problèmes ou de maladies psychiques, le jaune apporte le calme et la détente, en renforçant les activités mentales et toutes les formes de sagesse issue de l'expérience.

La thérapie par les pierres

Œil de Tigre : L'œil de Tigre renforce la faculté visuelle extérieure. Il aiguise le mental et aide à identifier ses propres fautes et à agir en conséquence.

Ambre : L'ambre jaune apporte chaleur et optimisme. Sa force solaire vous guide vers une joie plus grande et une lumière plus claire. Il facilite le discernement et vous montre comment vous pouvez vous réaliser dans la vie. L'ambre vous aide ainsi dans tout ce que vous entreprenez.

Sur le plan physique, il purifie l'organisme, équilibre le système digestif et celui des glandes hormonales, il purifie aussi et fortifie le foie.

Topaze : La topaze jaune vous remplit tout particulièrement de l'énergie rayonnante et de la lumière réchauffante du soleil. Elle augmente la conscience, l'éveil et la clarté, la joie et la vivacité. Elle chasse lessentiments oppressants et les pensées négatives – elle est donc une aide appréciable en période d'angoisse et de dépression.
Elle renforce et stimule le corps entier et facilite la digestion mentale et corporelle.

Citrine : La citrine apporte bien-être, chaleur et vivacité, sécurité et optimisme. Elle vous aide à intégrer dans votre personnalité les expériences vécues et à transposer des perceptions intuitives dans votre vie quotidienne. Elle attire la plénitude intérieure et extérieure et vous soutient dans l'aboutissement de vos objectifs.
Sur un plan physique, elle facilite l'élimination des toxines et aide en cas de troubles digestifs ou de diabète. Elle stimule le sang et les nerfs.

La thérapie par les arômes

Lavande : L'huile de lavande calme et détend un troisième chakra hyperactif. Ses vibrations douces et chaleureuses aident à dissoudre et à traiter bien des émotions bloquées.

Romarin : L'utilisation de l'huile de romarin, d'un savoureux parfum, est recommandée en cas de déficience fonctionnelle du chakra du plexus solaire. Le romarin est vivifiant et dynamisant, il permet de surmonter la paresse et il active la volonté d'agir.

Bergamote : Les vibrations de cette huile extraite des fruits du bergamotier sont porteuses de lumière. Son parfum, d'une fraîcheur citronnée, renforce nos énergies vitales. Elle renforce en nous notre confiance et notre assurance.

Forme de yoga ayant une action primaire sur le troisième chakra

Karma-yoga : Le karma-yoga enseigne l'action désintéressée, c'est-à-dire sans se préoccuper des retombées personnelles de nos actions. Le karma-yogin s'ouvre ainsi à la volonté divine et adapte harmonieusement ses propres actions aux forces naturelles de l'évolution qui reflètent la volonté divine dans la Création.

QUATRIÈME CHAKRA

*Anâhata-Chakra ou Chakra du Cœur
appelé également
Centre cardiaque*

Le quatrième chakra se trouve au niveau du cœur, au milieu de la poitrine. Il s'ouvre vers l'avant.

LE QUATRIÈME CHAKRA
SES ÉQUIVALENCES

Couleur : Vert, mais aussi rose et or

Élément : Air

Fonction sensorielle : Toucher

Symbole : Lotus à douze pétales

Principe fondamental : Abandon à l'Essence

Organes physiques : Le cœur, la partie supérieure du dos et la cage thoracique, la partie inférieure des poumons, le sang et le système de circulation sanguine, la peau.

Glande endocrine : Thymus.
La glande thymique règle la croissance en général et le tissu lymphoïde, notamment chez l'enfant. Elle a également la fonction d'animer et de renforcer le système immunitaire.

Astrologie :
Lion/Soleil : Chaleur sentimentale, cordialité, générosité.
Balance/Vénus : Contact, amour, désir d'harmonie, complémentarité du «Toi».
Saturne : Dépassement de l'Ego individuel permettant ainsi l'amour désintéressé.

OBJECTIF ET FONCTIONNEMENT DU QUATRIÈME CHAKRA

Le chakra du cœur est le centre du système des chakras parce qu'il fait la jonction entre les trois centres psycho-émotionnels inférieurs et les trois centres mentalo-spirituels supérieurs. Ce chakra est symbolisé par une étoile hexagonale composée de deux triangles représentant l'interpénétration des trois chakras supérieurs et des trois chakras inférieurs. Le quatrième chakra est l'équivalent de l'élément air et du sens du toucher. Ceci indique la mobilité du cœur, le contact, la capacité à «être-touché» et la notion à «être-en-contact-avec-les-choses». Nous y puisons les capacités de nous identifier et de ressentir, de nous adapter et de vibrer. Grâce à ce centre, nous sentons la beauté de la nature, l'harmonie de la musique, des arts et de la poésie. Des images, des mots et des sens se transforment alors en sentiments.

La fonction du chakra du cœur est l'union par l'amour. Chaque désir de contact intime, d'union, d'harmonie et d'amour s'exprime par le chakra du cœur, même si ce désir se présente à nous sous sa forme «ensorcelée» comme la tristesse, la douleur, la peur de la séparation ou la disparition de l'amour, etc.

Le chakra cardinal, purifié et totalement ouvert, est un centre d'amour véritable et inconditionnel; un amour qui n'existe que pour lui-même; un amour qu'on ne peut ni posséder ni perdre. En rapport avec les chakras supérieurs, cet amour devient la bhakti, l'amour divin qui conduit à la découverte de la présence divine dans toute Création, à la fusion avec le noyau intime, avec le cœur de toutes choses dans l'univers. Le chemin du cœur allant droit à ce but passe par l'acceptation tendre et compréhensive de nous-même qui est la condition sine qua non pour accepter la vie et les autres.

Une fois acceptée, grâce au troisième chakra, l'idée que toutes les expériences existentielles, tous les désirs

Quatrième chakra

et toutes les émotions ont un sens plus profond et qu'ils nous ramènent dans un ordre plus global, nous trouvons dans ce quatrième chakra une tendre acceptation.

Jaillissant du cœur, il nous semble que tous les sentiments et toutes les réalités de la vie sont nés d'un désir ardent d'amour, de fusion avec la vie, et ne sont en définitive qu'une expression de l'amour.

Chaque négation engendre séparation et refus. Tandis que l'acceptation positive d'amour provoque une vibration, où les expressions et les sentiments négatifs ne peuvent pas résister. Peut-être vous êtes-vous déjà rendu compte qu'un sentiment intense de tristesse, de colère ou de désespoir peut être neutralisé au moment où vous lui consacrez une attention pleine d'amour, sans préjugés et sans restrictions. Essayez!

Lorsque nous souffrons de douleurs ou de maladie, nous pouvons accélérer sensiblement la guérison en envoyant des pensées d'amour vers l'organe ou la partie du corps malade.

Nous avons donc à notre disposition, grâce à ce chakra du cœur, un vaste potentiel de transformation et de guérison, – et ce pour nous-même, comme pour autrui. L'amour pour nous-même et l'acceptation de tout notre être, venus du fond du cœur, peuvent nous transformer profondément et nous guérir. C'est là la condition d'un amour accompli pour autrui, de la compassion, de la compréhension et d'une profonde joie de vivre.

Le chakra cardinal est un centre dont l'énergie rayonne fortement vers l'extérieur. Un chakra du cœur ouvert aura, spontanément sur autrui une influence guérissante et transformatrice. (Si on utilise cette guérison consciemment, on inclut en général également le chakra frontal.)

Le chakra du cœur rayonne dans les couleurs verte, rose et quelquefois or. Le vert est la couleur de la guérison ainsi que celle de l'harmonie et de la sympathie. Si un être clairvoyant perçoit dans l'aura d'une personne une couleur vert clair au niveau du chakra du cœur, il en déduit une capacité prononcée à guérir. Une aura dorée entrelacée de rose est celle d'un être, vivant un amour pur et dévoué au divin.

On appelle souvent le chakra cardiaque la porte de l'âme, parce qu'il est non seulement le siège de nos sentiments d'amour les plus profonds et les plus vivants, mais aussi un centre énergétique nous permettant d'entrer en contact avec la partie universelle de notre âme, cette étincelle divine qui brûle en nous. Ce chakra joue également un rôle important dans le raffinement des perceptions qui accompagne l'ouverture du chakra frontal appelé aussi «Troisième œil»; c'est en définitive le don de soi qui nous rend plus réceptifs aux plans les plus subtils de la Création. Cela signifie que le développement du chakra du cœur entraîne également le déploiement des capacités supérieures du chakra frontal.

Tout cela explique pourquoi une multitude de disciplines spirituelles, en Orient comme en Occident, se sont tout particulièrement axées sur l'ouverture du chakra du cœur.

Fonctionnement harmonieux

Lorsque votre chakra du cœur est totalement ouvert et en harmonie avec les autres chakras, vous devenez un canal d'amour divin. Les énergies de votre cœur peuvent modifier votre monde et unifier, réconcilier et guérir les gens autour de vous. Vous rayonnez alors d'une chaleur naturelle, d'une grande cordialité et d'une gaieté spontanée qui ouvrent le cœur de votre prochain, lui donnent confiance et joie; compassion et serviabilité allant de soi pour vous.

Vos sentiments sont dénués de conflits et de perturbations internes, de doutes et d'insécurité. Vous aimez l'amour pour l'amour, la joie pour la joie de donner sans en attendre un quelconque retour. Vous vous sentez en sécurité dans toute la Création. Tout ce que vous faites, vous le faites avec cœur.

L'amour de votre cœur rend vos perceptions plus

Quatrième chakra

subtiles afin de reconnaître, dans toutes les émanations, sur tous les plans de la Création, le jeu cosmique de la séparation et de l'unification renouvelées, un jeu profondément teinté par l'amour et par l'harmonie divine. Peut-être avez-vous fait l'expérience suivant laquelle la séparation de l'aspect universel et divin de la vie et de la souffrance qui en découle, fait naître le désir de la réunification avec le divin ; ce n'est que grâce à cette séparation antérieure que l'amour pour Dieu et la joie qui y est liée peuvent être vécus de façon consciente et totale.

En vous appuyant sur cette sagesse du cœur, les événements du monde et de votre cœur se présentent sous une autre lumière. L'amour de votre propre cœur vous aide spontanément dans tous vos efforts destinés à augmenter l'amour de Dieu et de sa Création. Vous reconnaissez que toute la vie de la Création vit dans votre cœur. Vous ne considérez plus la vie comme quelque chose de séparé de vous, mais comme faisant partie intégrante de votre propre vie.

Le sentiment de vitalité est si grand en vous que vous prenez enfin conscience de ce que « vie » signifie dans sa forme primitive et pure : c'est l'expression permanente de l'amour et de la béatitude divine.

Fonctionnement dysharmonieux

Un mauvais fonctionnement du chakra cardinal s'exprime sous différents aspects : par exemple, vous aimeriez bien donner, être toujours là pour quelqu'un, mais ceci sans être relié à la source de votre amour. Peut-être, sans en être conscient ou sans l'admettre vous-même, attendez-vous, en contrepartie de tout cet « amour », reconnaissance et confirmation ; et vous êtes déçu si vos efforts ne sont pas suffisamment récompensés.

Ou bien, vous vous sentez suffisamment puissant et fort pour partager cette force avec autrui, et peut-être êtes-vous incapable vous-même d'accepter l'amour d'autrui, de vous ouvrir assez pour recevoir. Tout ce qui touche à la tendresse et à la douceur vous gêne. Peut-être êtes-vous persuadé de ne pas avoir besoin de l'amour d'autrui. Une telle attitude va souvent de pair avec une cage thoracique «gonflée» qui signale un blindage intérieur et une protection contre des douleurs et des attaques.

Dysfonctionnement

La fonction manquante du chakra du cœur vous rend facilement vulnérable et dépendant de l'amour et de l'affection des autres. Si on vous rejette, vous êtes profondément touché, surtout si pour une fois, vous avez eu le courage de vous ouvrir. Vous vous renfermez dans votre coquille intérieure, vous êtes triste et déprimé. Vous aimeriez bien donner de l'amour, mais par peur d'un nouveau refus, vous ne trouvez jamais le moment opportun de le faire; en définitive, vous vous trouvez toujours de nouveau confirmé dans votre incapacité.

Peut-être essayez-vous aussi de compenser votre manque d'amour par des manières particulièrement aimables et attentionnées; mais vous donnez votre amabilité à n'importe qui de la même façon plutôt impersonnelle d'ailleurs, sans vous intéresser davantage aux personnes concernées. Dès que votre cœur est vraiment sollicité, vous vous dérobez ou vous vous renfermez, de peur d'une possible offense.

Le fait que votre chakra du cœur soit fermé, se montre dans votre froideur et votre indifférence pouvant aller jusqu'à une «sécheresse du cœur». Pour être capable de ressentir quelque chose, vous avez besoin d'un fort stimulus extérieur. Vous êtes déséquilibré et souffrez d'états dépressifs.

COMMENT PURIFIER ET ACTIVER LE QUATRIÈME CHAKRA

La thérapie par la nature

Chaque promenade dans le calme de la verte nature, grâce au chakra du cœur, harmonise tout notre être. Chaque fleur nous transmet le message d'amour et de joie candide et fait fleurir les mêmes qualités en nous. Des fleurs de couleur rose sont particulièrement aptes à animer en douceur et à guérir les énergies du chakra du cœur.
Un ciel coloré de rose, avec des nuages tout en transparence, élève et élargit le cœur. Laissez-vous englober et emporter par la beauté et la douceur des couleurs et des formes de ce magnifique tableau céleste.

La thérapie par la musique

Forme de musique : Toute musique classique, musique du Nouvel Age ou musique sacrée orientale ou occidentale qui élève et fait danser votre cœur au rythme de la vie dans la Création, éveille la force de l'amour dans votre chakra du cœur, l'anime et l'harmonise. Des danses sacrées ou méditatives exprimant l'harmonie et la joie de la Création ont les mêmes effets.

Voyelle : Le chakra cardiaque correspond à la voyelle «a» chantée sur le fa de la gamme chromatique. Le «a» symbolise la perception directe du cœur telle qu'elle s'exprime dans l'expression «ah!». Il s'agit de la plus ouverte de toutes les voyelles représentant un volume aussi important que possible de la voix humaine. Le «a» correspond à l'acceptation sans préjugé de toutes formes de réalisations, ce qui est la base même de l'amour. C'est également la voyelle que les bébés – dont le mental ne différencie pas encore le «bien» et le «mal» – utilisent le plus souvent pour «commencer» leurs expériences.

Mantra : YAM.

La thérapie par les couleurs

Vert : La couleur des prairies et des forêts de notre planète procure harmonie et compassion, elle rend conciliant, fait ressentir vos sympathies et vous donne une impression de paix. Elle a un effet régénérant sur le corps, l'âme et l'esprit et revigore d'énergies nouvelles.

Rose : Les vibrations douces de la couleur rose dénouent les crispations du cœur. Elles donnent des sentiments d'amour et de tendresse ainsi que cette sensation de bonheur presque enfantine. De plus, elles stimulent l'activité créatrice.

La thérapie par les pierres

Quartz rose : La douce lumière rose du quartz rose apporte douceur, tendresse et affection. Cette pierre englobe votre âme d'une vibration pleine d'amour pouvant guérir les blessures de l'âme provoquées par la dureté, la grossièreté et la négligence ; cette vibration vous permet d'ouvrir de plus en plus votre cœur à l'amour et d'en donner.

Le quartz rose vous apprend à vous accepter et à vous aimer ; il ouvre votre cœur pour exprimer l'amour et la tendresse pour vous, pour autrui et pour la création. Il vous rend réceptif à la beauté de la musique, de la poésie, de la peinture et à tout autre art ; il sensibilise votre imagination et votre expression créatrice.

Tourmaline : La tourmaline rose et rouge vous fait sortir de vos structures sentimentales trop étriquées et permet à votre cœur de s'ouvrir largement. Elle ouvre votre conscience à la notion du don, liée à l'amour. Elle vous relie à la représentation féminine de l'amour divin qui s'exprime à travers la beauté de la création, la gaieté en toute liberté, la danse spirituelle et le jeu. Elle intègre ainsi les différentes expressions de l'amour humain et divin.

Tout particulièrement bien adaptées au chakra du cœur, les tourmalines roses ornées d'un bord vert. Les qualités de la tourmaline rose sont alors intégrées dans la vibration du vert qui guérit et harmonise.

Kunzit : Le kunzit réunit en lui le rose tendre de l'amour élevé et le violet du chakra coronal, couleur de l'union avec le divin.

Le kunzit ouvre votre cœur à l'amour divin. Il vous aide à faire évoluer l'amour de votre cœur vers l'altruisme et la perfection. Il vous donne une attitude rigoureuse et vous ramène toujours vers le droit chemin.

Émeraude : L'émeraude est la pierre de l'amour cosmique parce qu'il renforce et approfondit l'amour sur tous les plans. Elle apporte la paix et l'harmonie en vous harmonisant avec les forces de la nature. Elle vous lance le défi de devenir aussi étincelant que sa lumière et vous montre dans quels domaines cela n'est pas encore le cas en vous.

L'émeraude attire les énergies de la guérison, du cosmos vers la terre. Ainsi peut-il régénérer, rajeunir, rafraîchir et calmer.

Jade : La douce lumière verte du jade apporte la paix, l'harmonie, la sagesse du cœur, la justice et l'humilité. Le jade détend et calme le cœur et vous fait découvrir et vivre la beauté de tout ce qui est créé, renforçant votre amour et votre respect de la Création. Le jade aide en cas d'agitation continuelle et facilite un sommeil paisible et des rêves agréables.

La thérapie par les arômes

Essence de rose : Il n'y a aucun parfum dont l'effet soit aussi harmonisant pour notre corps que l'huile précieuse de la rose. Ses vibrations douces et tendres calment et guérissent les blessures de notre cœur. Elles éveillent en nous la perception de l'amour, de la beauté et de l'harmonie partout présentes dans la Création. Notre cœur est pris d'une joie profonde et d'une prédisposition à offrir. L'essence de rose permet également une stimulation et une sublimation des plaisirs des sens et facilite leur transformation en amour transpersonnel.

Forme de yoga ayant une action primaire sur le quatrième chakra

Bhakti-yoga : Le bhakti-yoga est le chemin menant à la réalisation de Dieu en nous, en passant par l'amour, le dévouement de soi. Le bhakta approfondit et renforce ces sentiments pour les canaliser vers Dieu. Tout est mis en rapport avec Dieu.

CINQUIÈME CHAKRA

*Vishuddha-Chakra ou Chakra de la Gorge
ou Chakra laryngé
ou Centre de communication*

Manuel des Chakras

Le cinquième chakra se situe entre la fosse jugulaire et le larynx. Il part des vertèbres cervicales et s'ouvre vers le devant.

LE CINQUIÈME CHAKRA
SES ÉQUIVALENCES

Couleur : Bleu clair, également argenté et bleu-vert

Élément : Éther

Fonction sensorielle : Ouïe

Symbole : Lotus à 16 pétales

Principe fondamental : Résonance de l'Essence

Organes physiques : La partie du cou, de la nuque et de la mâchoire, les oreilles, l'appareil vocal (la voix), la trachée, les bronches, la partie supérieure des poumons, l'œsophage, les bras.

Glande endocrine : Glande thyroïde.
La thyroïde joue un rôle important dans le développement du squelette et des organes internes. Elle est responsable de l'équilibre entre croissance physique et mentale et régularise le métabolisme, c'est-à-dire la façon et la vitesse avec laquelle nous transformons notre nourriture en énergie et nous la consommons. Elle régularise également l'iodémie et la calcémie du sang et des tissus.

Astrologie :
Gémeaux/Mercure : Communication, échange de connaissances et d'expériences.
Mars : Expression active de soi.
Taureau/Vénus : Sensation pour l'espace et la forme.
Verseau/Uranus : Inspiration divine, transmission de sagesse et de connaissance supérieures, indépendance.

OBJECTIF ET FONCTION DU CINQUIÈME CHAKRA

Au chakra de la gorge se trouve le centre de l'expression, de la communication et de l'inspiration de l'homme. Il est relié à un chakra secondaire, plus petit, qui siège dans la nuque et s'ouvre vers l'arrière. Ces deux centres énergétiques sont souvent considérés comme un seul. En effet, le chakra du cou et celui de la nuque sont si proches que nous ne présentons qu'une seule interprétation des deux centres.

Le cinquième chakra représente un lien important entre les chakras inférieurs et les centres de la tête. Il est une sorte de pont entre notre façon de penser et de ressentir, entre nos impulsions et nos réactions; en même temps, ce chakra transmet le contenu de tous les autres chakras vers l'extérieur. Grâce au chakra de la gorge, nous extériorisons tout ce qui vit en nous : notre rire et nos larmes, nos sentiments d'amour et de joie, mais aussi ceux d'angoisse et de colère, nos intentions et nos désirs, nos idées, nos compréhensions et nos perceptions des mondes intérieurs.

L'élément dominant du chakra laryngé est l'éther. Dans l'enseignement du Yoga, cet élément est considéré comme la matière première qui pourrait former, par concentration, les éléments des chakras inférieurs, la terre, l'eau, le feu et l'air. L'éther est également le véhicule du son, du langage parlé comme de la parole du Créateur. Bref, c'est l'intermédiaire des informations sur tous les plans.

La communication extérieure de notre vie intérieure passe surtout par la parole, mais aussi par les gestes et les mimes, ou encore par des expressions créatrices telles que la musique, les arts plastiques et les arts appliqués, la danse, etc. La créativité rencontrée dans le chakra sacré fusionne dans le chakra de la gorge avec les énergies de tous les autres chakras pour trouver, grâce au pouvoir de l'éther, une certaine forme que nous transmettons au monde extérieur.

Cinquième chakra

Nous ne pouvons exprimer que ce qui est en nous. Le cinquième chakra nous procure d'abord la capacité de l'auto-réflexion. La condition pour réfléchir est de prendre une certaine distance intérieure. Grâce à l'évolution du chakra de la gorge, nous prenons de plus en plus conscience de notre corps mental et nous arrivons à séparer de plus en plus ses fonctions de celles des corps émotionnel, éthérique et physique. Cela signifie que nos pensées ne sont plus dominées par nos sentiments ou nos sensations physiques qui empêchaient une connaissance objective.

L'éther se trouve également considéré comme un espace (âkâsha) où des éléments plus denses déploient leur activité. Nous obtenons la connaissance la plus profonde si nous nous ouvrons largement comme l'espace infini, comme le vaste ciel dont le bleu clair correspond à la couleur de ce chakra, et si nous devenons silencieux pour écouter l'espace intérieur et extérieur. Le cinquième chakra correspond à la fonction sensorielle de l'écoute. Nous ouvrons nos oreilles pour écouter les voix ouvertes et cachées de la Création. Nous percevons également notre propre voix intérieure, nous entrons en contact avec l'esprit qui l'anime, pour capter son inspiration. Nous développons une confiance à toute épreuve dans notre guide suprême personnel. Nous prenons également conscience de notre dharma, notre seule tâche véritable ici-bas. Nous reconnaissons que nos propres mondes intérieurs et les plans subtils de la vie sont aussi réels que le monde extérieur; nous devenons capables de capter des informations envoyées des plans plus subtils et des dimensions supérieures de la réalité pour les transmettre ensuite. Cette inspiration divine devient un élément essentiel de l'expression de nous-même.

Nous trouvons donc dans le cinquième chakra notre expression individuelle de la perfection sur tous les plans.

Fonctionnement harmonieux

Si votre chakra laryngé est totalement ouvert, vous exprimez sans peur vos sentiments, vos pensées et vos découvertes intérieures. Vous êtes aussi bien capable de montrer vos faiblesses que votre force. Votre sincérité, face à vous-même comme face à autrui, se manifeste à travers votre attitude droite.

Vous avez la capacité de vous exprimer pleinement avec tout votre être par la créativité. Vous pouvez vous taire sans problème si vous le jugez opportun, et vous avez le don d'écouter les autres avec votre cœur et votre compréhension intérieure. Votre langage est très imaginatif et en même temps très clair. Il transmet vos intentions très efficacement pour que vos désirs soient accomplis. Votre voix est pleine et mélodieuse. Confronté à des difficultés et à des oppositions, vous restez fidèle à vous-même et vous êtes capable de dire « non » si vous en êtes convaincu. Vous ne vous laissez pas influencer par l'opinion d'autrui, vous gardez en revanche votre indépendance, votre liberté et votre autodétermination. L'absence de préjugés et votre largeur intérieure vous rendent ouvert à la réalité des plans subtils. Vous recevez, par votre voix intérieure, des informations de ces plans vous guidant à travers votre vie ; vous acceptez ce guide en pleine confiance.

Vous découvrez que toutes les manifestations de la Création ont leur propre message. Ces phénomènes s'adressent à vous, vous parlent de leur propre vie, de leur rôle dans le grand jeu cosmique et de leur quête de lumière et d'intégralité. Vous pouvez entrer en communication directe avec des entités d'autres plans ; vous transmettez les connaissances ainsi reçues à vos proches à un moment qui vous semble propice, et sans craindre leur critique. Toutes les expressions créatives que vous utilisez, ont le pouvoir de transmettre sagesse et vérité.

De votre indépendance intérieure et de l'expression libre de tout votre être jaillissent pour vous une joie profonde et le sentiment d'être complet et intègre.

Fonctionnement dysharmonieux

Si des énergies se trouvent bloquées dans votre chakra laryngé, l'entente entre la «tête» et le «corps» est déréglée. Les conséquences sont au nombre de deux : soit vous éprouvez des difficultés à réfléchir sur vos sentiments et vous allez exprimer vos émotions inhibées par des actes souvent irréfléchis ; soit vous vivez renfermé dans votre intellectualisme et votre rationalisme, et vous refusez à vos sentiments le droit d'exister, n'acceptant que certaines émotions ayant franchi le barrage de votre propre jugement et ne gênant pas les jugements de vos proches. Des complexes inconscients de culpabilité et d'angoisse vous empêchent de vous voir ou de vous montrer tel que vous êtes et d'exprimer librement vos pensées, vos sensations et vos besoins les plus intimes. En revanche, vous essayez de les cacher derrière un flot de paroles et de gestes pour ne pas dévoiler votre être véritable.

Votre langage est soit grossier et brutal, soit plutôt sobre et froid. Peut-être bégayez-vous quelque peu. Votre voix est relativement forte et vos paroles dépourvues de sens profond.

Vous ne vous autorisez pas à apparaître en position de faiblesse ; mais vous êtes prêt à tenter le tout pour le tout pour sauver les apparences de la force. C'est ainsi que vos propres exigences face à vous-même vous mettent sous pression. Il peut arriver qu'à un moment donné, vous ayez l'impression que les tâches de la vie pèsent trop lourd sur vous. Alors, vous vous blindez au niveau de la ceinture, vous haussez les épaules et vous rentrez le cou pour vous protéger, inconsciemment, contre d'autres accablements ou pour vous armer en vue d'une nouvelle «attaque».

On retrouve une fonction dysharmonieuse du cinquième chakra chez des gens manipulant les autres par leur discours ou essayant d'attirer l'attention sur eux par un flot ininterrompu de paroles.

De façon générale, les personnes dont les énergies sont bloquées au niveau du chakra de la gorge, n'ont aucun accès aux plans subtils de l'Essence, parce qu'il leur manque l'ouverture, l'espace intérieur et l'indépendance, la condition pour percevoir ces plans.

Or, tout cela n'exclut pas que vous avez de profondes connaissances intérieures que vous n'osez pas vivre et exprimer par peur du jugement d'autrui ou par angoisse de vous retrouver isolé. De telles connaissances demandent à être exprimées : il est possible que, spontanément, des poèmes, des tableaux ou des choses similaires se dessinent en vous sans que vous ayez particulièrement envie de les montrer.

Il est également possible que les énergies spirituelles soient restées bloquées dans votre tête. Leur force transformatrice a donc difficilement accès à vos émotions et les énergies des chakras inférieurs ne peuvent pas apporter la force et la stabilité nécessaires aux chakras supérieurs pour réaliser la spiritualité dans votre vie.

Dysfonctionnement

En cas de dysfonctionnement du cinquième chakra, vous pouvez avoir des difficultés à vous montrer, à vous exprimer et à vous présenter. Vous vous retenez presque complètement, vous êtes plutôt timide, silencieux et introverti, ou vous ne parlez que des choses banales de votre vie extérieure.

Or, si vous exprimez quelque chose en rapport avec vos pensées ou vos sentiments les plus intimes, vous avez facilement une boule dans la gorge et votre voix se serre. Encore plus fréquemment que dans le cas d'un fonctionnement dysharmonieux, on rencontre en cas de dysfonctionnement de ce chakra le symptôme du bégaiement. Face à autrui, vous êtes très mal à l'aise et vous craignez les jugements que l'on porte sur vous. Pour les éviter, vous adoptez avec empressement les opinions d'autrui avec pour conséquence que souvent, vous ne savez nullement ce que vous voulez. Vous n'avez aucun accès aux messages de votre âme ni aucune confiance en vos forces intuitives.

Si, au cours de votre vie, ce cinquième chakra n'évolue guère, il en découle une certaine rigidité. Le cadre que vous avez dressé vous-même autour de vous, dans lequel vous passez votre existence et exprimez l'ensemble de vos possibilités, s'avère bien étroit parce qu'il ne reconnaît comme réel que le monde extérieur.

COMMENT PURIFIER ET ACTIVER LE CINQUIÈME CHAKRA

La thérapie par la nature

La transparence du bleu clair d'un ciel sans nuages trouve sa résonance dans votre chakra de la gorge. Pour l'assimiler totalement, allongez-vous en pleine nature, détendez-vous et ouvrez votre intérieur à cet espace sans limite de la voûte céleste. Vous allez vous rendre compte à quel point votre mental s'ouvre et se clarifie. Tous les blocages au niveau de votre chakra laryngé et autour de lui se dissolvent. Intérieurement, vous vous préparez à recevoir des « messages célestes ».

Le reflet du ciel bleu dans des eaux limpides agit en plus sur vos émotions en les élargissant et en les libérant. Un petit bruit de vagues porte les messages de vos émotions et de vos sentiments cachés vers votre conscience. Si vous acceptez de vous laisser pénétrer totalement par l'énergie vibratoire du ciel et de l'eau, le mental et les émotions ne formeront plus qu'une énergie en vous.

La thérapie par la musique

Forme de musique : La musique harmonique, les chants harmoniques ainsi que des danses sacrées et méditatives chantées ont une action particulièrement *activante* sur le chakra du cou. Pour *harmoniser* et *détendre* le cinquième chakra, les meilleurs résultats sont obtenus avec la musique du Nouvelle Age enregistrée avec un effet d'écho. Elle apporte ouverture et espace en ouvrant l'oreille interne.

Voyelle : La voyelle « e » qui anime le chakra laryngé, est chantée sur le sol de la gamme chromatique. En faisant passer la voix d'un « a » au « i », vous créez à un moment donné le « e ». De la même façon que le cou

Cinquième chakra

est un canal reliant la tête au reste du corps, le «e» du chakra de la gorge relie le cœur au mental, «a» et «i», et canalise leurs énergies vers l'extérieur. Vous allez constater en chantant le «e» que cette voyelle demande l'effort le plus important pour votre voix. Elle stimule la force expressive du cinquième chakra.

Mantra : HAM.

La thérapie par les couleurs

La couleur bleu clair est celle du chakra du cou. Elle apporte calme et élargissement et vous ouvre à l'intuition spirituelle.

La thérapie par les pierres

Aigue-marine : La couleur bleu clair de l'aigue-marine ressemble à la mer, où un ciel sans nuage se reflète. Ainsi l'aigue-marine aide-t-elle l'âme à devenir le miroir de la largeur infinie du mental. Elle facilite la communication avec le Moi interne et apporte lumière et clarté vers les faces cachées de notre âme. Ses vibrations apportent pureté, liberté et élargissement à notre âme afin qu'elle s'ouvre à la lucidité visionnaire et à la compréhension intuitive ; cette pierre aide à exprimer cette connaissance en toute liberté créatrice. Sous l'impact d'une aigue-marine, l'âme peut devenir un canal de l'amour altruiste et de la force de guérison.

Turquoise : La turquoise, dont la couleur est la fusion du bleu du ciel et du vert de la terre, relie les hauts idéaux du mental à la force primitive et vivante de notre planète. Elle facilite l'expression des idées et des connaissances spirituelles en les intégrant dans la vie terrestre. De plus, elle attire des énergies positives et protège le corps et l'âme des influences nocives.

Calcédoine : La calcédoine de couleur blanche et bleue agit positivement sur la thyroïde. Son influence calmante et équilibrante sur notre état d'âme réduit notre irritabilité et notre hypersensibilité. Son influence ouvre la voie à l'inspiration et stimule la parole et l'écriture en tant qu'expression de Soi.

La thérapie par les arômes

Sauge : L'odeur fraîche et âpre de la sauge émet des vibrations de guérison vers tout ce qui touche à la parole. Elle dissout les crispations au niveau du chakra de la gorge pour que nos paroles puissent s'exprimer de façon harmonieuse et puissante, transmettant ainsi plus clairement les intentions de notre âme.

Eucalyptus : Le parfum rafraîchissant de l'huile essentielle d'eucalyptus donne clarté et ampleur au cinquième chakra. Ses vibrations augmentent notre inspiration et nous apportent créativité et spontanéité dans l'expression de nous-même.

Forme de yoga ayant une action primaire sur le cinquième chakra

Mantra-yoga : Les mantras sont des syllabes de méditation reflétant certains aspects du Divin. Dans le mantra-yoga, on répète, mentalement, sans cesse ces mantras, on les récite ou on les chante à haute voix. Ainsi, la vibration du mantra transforme au fur et à mesure la manière de penser et de ressentir de la personne s'adonnant à ces exercices; tout se met à vibrer en harmonie avec cette énergie cosmique et divine qui se répand à travers le mantra.

SIXIÈME CHAKRA

*Ajnâ-Chakra ou Chakra frontal, appelé
Troisième Œil, Œil de Sagesse, Œil interne
ou Chakra du commandement*

Manuel des Chakras

Le sixième chakra se trouve un doigt au-dessus de la racine du nez au milieu du front. Il s'ouvre vers le devant.

LE SIXIÈME CHAKRA
SES ÉQUIVALENCES

Couleur : Bleu indigo, mais aussi jaune et violet

Fonction sensorielle : Tous les sens, également sous la forme des perceptions extra-sensorielles

Symbole : Lotus à quatre-vingt-seize pétales (deux fois quarante-huit pétales)

Principe fondamental : Connaissance de l'Essence

Organes physiques : Le visage, les yeux, les oreilles, le nez, le sinus, le cervelet, le système nerveux central.

Glande endocrine : Hypophyse.
L'hypophyse a une activité sécrétoire exerçant une fonction stimulante sur toutes les autres glandes. Par ces stimulines elle harmonise les glandes.

Astrologie :
Mercure : Connaissances intellectuelles, pensée rationnelle.
Sagittaire/Jupiter : Pensée holistique, compréhension des relations internes.
Verseau/Uranus : Pensée divinement inspirée, compréhension suprême, connaissances subites.
Poissons/Neptune : Imagination, intuition, accès aux vérités subtiles grâce au don de soi.

OBJECTIF ET FONCTION DU SIXIÈME CHAKRA

La perception consciente de l'Essence passe par ce sixième chakra. Il est le siège des forces mentales supérieures, de l'aptitude intellectuelle à la différenciation, de la mémoire et de la volonté; sur le plan physique c'est le centre suprême de commandement du système nerveux central.

Sa véritable couleur est le bleu indigo, mais on reconnaît également des teintes jaunes et violettes. Ces couleurs signalent ses différentes manières d'agir en fonction des différents plans de conscience. La pensée rationnelle ou intellectuelle peut entraîner un rayonnement jaune. Un bleu foncé indique l'intuition et des processus de cognition holistique. La perception extra-sensorielle se présente sous une teinte violette.

Toute réalisation de notre vie est précédée de pensées et d'idées alimentées par des archétypes émotionnels inconscients ou par la connaissance de la réalité. Nous sommes en rapport avec ce processus de manifestation par la force de pensée qui passe par notre troisième œil. Toute connaissance se traduisant par le fait que la Création pré-existe déjà sous forme non manifestée dans l'Essence pure; elle est comparable à une graine contenant déjà toutes les données qui donneront naissance à la plante. La physique quantique parle de vecteurs unitaires ou de champs d'énergie minimale de la matière.

Le processus de la Création commence au moment où l'Essence tranquille prend conscience de sa propre existence. Il en résulte une première relation sujet-objet et donc la première dualité. L'Essence sans forme prend pour la première fois un tissu vibratoire existant.

En partant de cette vibration primordiale, chaque processus de prise de conscience entraîne toujours d'autres tissus vibratoires différents et nouveaux.

Tous les plans de la Création, de l'Essence pure jusqu'à la matière dense, sont en nous, être humains;

ils sont représentés par les différents plans vibratoires des chakras. Ainsi le processus de la manifestation se passe-t-il également en nous et par nous.

Le troisième œil est le siège de tous les processus de prise de conscience; nous y trouvons donc la capacité de la manifestation ainsi que celle de la matérialisation comme celle de la dématérialisation de la matière. Nous pouvons créer de nouvelles réalités sur le plan physique comme y dissoudre des réalités anciennes.

En général, ce processus est automatique et se déroule sans notre intervention consciente. La plupart des pensées déterminant notre existence sont dirigées par nos archétypes émotionnels bloqués ou programmés par nos propres jugements et préjugés, ainsi que par ceux d'autrui. Ainsi, notre mental n'est-il pas toujours le maître, mais plutôt le serviteur de nos pensées chargées d'émotions que nous ne dominons que partiellement.

Cependant, ces pensées se réalisent, au sens propre, dans notre vie, car ce que nous percevons et vivons sur un plan extérieur n'est en définitive toujours qu'une manifestation de notre réalité subjective.

Grâce à l'évolution de notre conscience et à l'ouverture progressive du troisième œil, nous nous rendons apte à diriger, de plus en plus, ce processus. Notre imagination développe alors l'énergie nécessaire pour exécuter une idée ou un désir. En nous appuyant sur un chakra du cœur ouvert, nous sommes capables d'émettre des ondes de guérison et de guérir à distance.

En même temps, nous avons accès à tous les plans de la Création se trouvant derrière la réalité. Les connaissances indispensables nous arrivent sous forme d'intuition, de clairvoyance ou toutes autres perceptions extra-sensorielles. Ainsi, tout ce que nous n'avions peut-être ressenti que très vaguement, devient une perception claire et précise.

Fonctionnement harmonieux

Aujourd'hui encore, le troisième œil n'est parfaitement ouvert que chez peu de gens, car cette ouverture va toujours de pair avec une forte évolution de la conscience. Or, le sixième chakra, encore plus nettement que tous les autres chakras décrits jusqu'alors, peut fonctionner harmonieusement sans être totalement développé. Il peut être perçu à travers un esprit vif et une faculté d'abstraction mentale. Une recherche scientifique menée selon une conception holistique poussée est aussi le signe indéniable d'un troisième œil partiellement ouvert et fonctionnant harmonieusement ; telles sont des connaissances de profondes vérités philosophiques.

Vous possédez sans doute une bonne capacité de visualisation et vous comprenez intuitivement beaucoup de choses. Votre mental peut se concentrer aisément et en même temps demeurer ouvert à toutes les vérités mystiques. Vous vous rendez de plus en plus compte que les apparences visibles des choses ne sont qu'une image, qu'un symbole à travers lequel le principe spirituel se manifeste jusqu'au plan de la matière. Votre pensée est animée par l'idéalisme et l'imagination. Peut-être prenez-vous conscience, de temps à autre, de ce que vos idées et vos pensées se réalisent spontanément.

Plus votre troisième œil se développe, plus votre pensée s'appuie sur la connaissance intérieure directe de la réalité. Il y a de plus en plus de gens qui commencent à développer des facultés partielles dues au sixième chakra comme la clairvoyance et d'autres perceptions extra-sensorielles sur certains plans existentiels ; d'autres encore ont, par intermittence, des perceptions venues d'autres dimensions de la réalité pouvant avoir lieu, par exemple, dans un contexte méditatif ou onirique.

Il nous est impossible de décrire dans cet ouvrage toute l'ampleur des possibilités et des perceptions liées à l'ouverture du troisième œil. Cela remplirait plusieurs tomes et nous serions obligés de nous appuyer sur des informations apportées par des tiers. Or, nous allons quand même tenter de vous donner un aperçu des possibilités dont un sixième chakra pleinement développé est capable.

Tout d'abord, votre perception du monde change totalement. Vous avez dépassé complètement les limites de votre mental rationnel. Votre pensée est devenue holographique et vous intégrez, spontanément, dans votre processus de connaissance, toutes les informations que vous captez sur les différents plans de la Création.

Le monde matériel est devenu transparent pour vous. Il est le reflet du mouvement des énergies se déroulant sur les plans subtils de la Création, pareils à votre conscience, qui est devenue le reflet de l'Essence divine. Votre perception extra-sensorielle vous permet de voir directement les forces agissant derrière la façade des apparences; vous êtes apte à canaliser consciemment ces énergies et à susciter les formes propres à ces forces. Vous êtes néanmoins soumis à certaines règles et à certaines lois que vous devez respecter pour maintenir ainsi l'ordre naturel.

Votre intuition et votre vision intérieure vous donnent accès à tous les plans subtils de la réalité. Vous découvrez qu'il y a une multitude de mondes entre le plan de la Création matérielle et l'Essence pure; ces mondes sont peuplés d'entités les plus diverses. Devant votre œil intérieur se déroule le théâtre de la Création qui, apparemment, ne connaît pas de limites quant aux formes et aux plans toujours renouvelés de la réalité. Profondément respectueux, vous observez la grandeur de ce jeu divin.

Fonctionnement dysharmonieux

Un fonctionnement dysharmonieux du sixième chakra conduit, la plupart du temps, à avoir «la grosse tête» : vous êtes quelqu'un qui vit presque exclusivement par son intellect et sa raison. Mais, en voulant tout régler par le mental, vous n'acceptez que les vérités transmises par votre pensée rationnelle. Il est fort probable que vos facultés intellectuelles sont bien développées et que vous êtes doté d'une capacité d'analyse pointue; mais il vous manque la vision holistique et la possibilité de tout intégrer dans un grand contexte cosmique.

Il n'est pas rare que dans ce cas, vous fassiez part d'une certaine arrogance intellectuelle. Ne comptent pour vous que les données saisissables par le mental et contrôlables par des méthodes scientifiques. Vous refusez des connaissances spirituelles parce que non scientifiques et irréelles.

Toute tentative pour influencer les êtres ou les choses par la force de la pensée, pour démontrer ainsi son pouvoir ou pour satisfaire des besoins personnels sont autant d'indices d'un fonctionnement dysharmonieux du troisième œil. En général, une telle attitude coïncide avec un dérèglement du chakra du plexus solaire et avec un faible développement des chakras cardiaque et coronal. Si le troisième œil, malgré quelques blocages, est relativement ouvert, de telles tentatives sont toujours possibles, mais elles ne sont nullement en harmonie avec le courant naturel de la vie. Vous ressentez alors un sentiment d'isolation et, à long terme, la satisfaction souhaitée n'est pas atteinte.

Une autre conséquence d'énergies fourvoyées dans le sixième chakra apparaît si le chakra-racine – et donc «la prise de terre» – est déréglé et si les autres chakras sont bloqués dans leur fonctionnemnet harmonieux. Il peut arriver que vous ayez accès à des plans subtils de perception, mais que vous ne reconnaissiez pas la véritable signification de ces images ou de ces informations. Elles se mélangent à vos propres idées ou à vos propres imaginations issues des structures émotionnelles que vous n'avez pas bien assimilées. Ces images subjectives peuvent s'imposer à tel point que vous les prenez pour la seule réalité, les projetez vers l'extérieur et perdez ainsi tout rapport avec la réalité.

Dysfonctionnement

Si le flux des énergies est presque interrompu dans le sixième chakra, votre réalité ne devient plus que celle du monde extérieur visible. Votre vie est entièrement dominée par des désirs matériels, des besoins physiques et des émotions irréfléchies. Les discussions spirituelles vous semblent fatigantes et inutiles. Vous refusez des vérités spirituelles parce qu'elles se fondent, selon vous, sur l'imagination ou parce qu'elles sont des rêveries absurdes sans aucun rapport pratique. Votre pensée s'oriente essentiellement en faveur des opinions prédominantes.

Dans des situations qui vous stressent particulièrement, vous perdez facilement la tête. Peut-être êtes-vous aussi particulièrement distrait. Les troubles visuels, qui accompagnent souvent un dysfonctionnement du sixième chakra, vous invitent à regarder plutôt vers l'intérieur pour découvrir ces plans se trouvant derrière la façade visible.

Dans un cas extrême, vos pensées peuvent être floues et confuses et totalement dominées par vos structures émotionnelles refoulées.

COMMENT PURIFIER ET ACTIVER LE SIXIÈME CHAKRA

La thérapie par la nature

Observer un ciel de nuit avec ses étoiles et son bleu profond stimule le troisième œil. Cette perception de la nature ouvre l'esprit aux largeur et profondeur immenses de la Création formulée sous ses multiples modes d'expression; elle laisse pressentir des forces subtiles, des structures et des lois représentées par les astres dans leur ballet cosmique dans l'espace, des éléments également actifs derrière la façade extérieure de notre vie ici-bas.

La thérapie par la musique

Forme de musique : Tous les sons qui détendent et ouvrent votre mental, qui font surgir des images et des sensations de l'espace cosmique *stimulent* et *harmonisent* le chakra frontal. Vous trouverez ces morceaux musicaux surtout dans la musique du Nouvel Age. Certaines compositions classiques orientales ou occidentales – comme par exemple celles de J.-S. Bach – peuvent agir de la même manière.

Voyelle : Le chakra frontal est activé par la voyelle «i» chantée sur le son «la» de la gamme chromatique. Le «i» déclenche un mouvement ascendant. Il représente la force de l'inspiration vous conduisant à des connaissances toujours nouvelles.

Mantra : KSHAM.

Sixième chakra

La thérapie par la couleur

Un bleu indigo transparent peut ouvrir et clarifier le sixième chakra. Il apporte la paix intérieure, la clarté et le recul du mental. En plus, cette couleur fortifie et guérit les sens en les préparant aux plans plus subtils de perception.

La thérapie par les pierres

Lapis-lazuli : La couleur bleu foncé de cette pierre avec ses inclusions de pyrite dorée rappelle un ciel nocturne étoilé. Cette pierre donne à l'âme la sensation d'être à l'abri dans le cosmos et l'ouvre en même temps à la vie infinie de l'univers. Elle introvertit le mental, le renforce et l'aide à comprendre les relations supérieures. En stimulant l'intuition et la vision interne, elle permet d'identifier le sens caché des choses ainsi que les forces actives agissant derrière elles. De surcroît, elle procure une joie intense face aux miracles de la vie et de l'univers.

Saphir bleu indigo : Un saphir clair et transparent ouvre le mental au savoir cosmique et aux vérités éternelles. Ses vibrations déclenchent une purification, une transformation et un renouvellement dans l'âme et dans l'esprit. Il forme un pont entre le fini et l'infini et intègre la conscience dans le flux d'amour et de connaissance divins. A l'âme qui cherche son chemin spirituel, il apporte la clarté nécessaire.

Sodalite : La sodalite bleu nuit clarifie le mental et favorise la pensée profonde. Son rayonnement calmant apporte détente et réconfort aux nerfs. La sodalite aide également à dissoudre les anciens paradigmes. Elle stimule la confiance et la force de défendre ses propres opinions et de transposer des idées et des connaissances dans la vie quotidienne.

La thérapie par les arômes

Menthe : Le parfum rafraîchissant de la menthe dénoue les blocages du troisième œil et permet la dissolution des anciens paradigmes limitatifs. Elle apporte clarté et vivacité à notre esprit et renforce notre capacité de concentration.

Jasmin : Le parfum subtil et bouqueté du jasmin ouvre notre esprit aux images et aux visions, porteurs de vérités profondes. Ses vibrations rendent la perception plus subtile et relient les énergies du troisième œil avec celles du chakra du cœur.

Formes de yoga ayant une action primaire sur le sixième chakra

Jnâna-yoga : Le jnâna-yoga est le chemin de la connaissance fondée sur le développement de la capacité mentale de différenciation entre le réel et l'irréel, l'éternel et le transitoire. Le jnâna-yogin comprend qu'il n'y a qu'une seule réalité inébranlable, immortelle et éternelle : Dieu. Par son discernement, il se concentre dans sa méditation sur l'absolu abstrait, l'aspect non manifesté de Dieu, jusqu'à la fusion mentale.

Yantra-yoga : Les yantras sont des figures géométriques symbolisant l'Essence divine ainsi que les énergies et les aspects qui y sont liés. Il s'agit de support de visualisation : dans sa méditation, l'adepte se concentre sur les aspects du divin représentés pour les réaliser en lui dans sa vision intérieure.

SEPTIÈME CHAKRA

*Sahasrâra-Chakra ou Chakra coronal
également appelé
Centre du sommet de la tête
ou Lotus à mille pattes*

Manuel des Chakras

Le septième chakra se trouve au sommet du crâne, au milieu de notre tête. Il s'ouvre vers le haut.

LE SEPTIÈME CHAKRA
SES ÉQUIVALENCES

Couleur : Violet, également blanc et or

Symbole : Lotus à mille pétales

Principe fondamental : Essence pure

Organe physique : Cerveau

Glande endocrine : Glande pinéale (épiphyse)
Le rôle physiologique de l'épiphyse reste encore mal élucidé. Très probablement, elle agit globalement sur l'organisme. En cas d'arrêt de fonctionnement de cette glande, la puberté commence plus tôt que la normale.

Astrologie :
Capricorne/Saturne : Vision intérieure, concentration sur l'essentiel, pénétration de la matière par la lumière divine.
Poissons/Neptune : Annulation des frontières, don, fusion.

OBJECTIF ET FONCTION DU SEPTIÈME CHAKRA

Le chakra coronal est le siège de l'accomplissement suprême de l'homme. Dans quelques textes anciens, il est représenté flottant au-dessus de la tête. Il est irisé mais le violet prédomine. La fleur extérieure du chakra a 960 pétales; à l'intérieur se trouve une deuxième fleur avec 12 pétales rayonnant d'une couleur blanche entremêlée d'or.

Pareil à la lumière incolore qui réunit toutes les couleurs du spectre, le chakra supérieur réunit toutes les énergies des centres inférieurs. Le chakra coronal est la source, le point de départ, de la manifestation des énergies de tous les autres chakras. C'est par lui que nous sommes reliés à l'Essence divine sans forme et sans qualité qui englobe en fait à lui seul toutes les formes et toutes les qualités de manière non manifestée.

Là est l'endroit où nous nous retrouvons chez nous. C'est là que démarrait notre voyage dans l'existence et où nous retournerons à la fin de notre évolution. Nous y vivons et nous vivons en Dieu, nous ne faisons plus qu'UN avec l'origine divine dont nous sommes issus. Notre champ énergétique personnel a fusionné avec le champ énergétique universel.

Ce que nous avions compris – plus tôt – de façon intellectuelle et – plus tard – de manière intuitive, atteint désormais le niveau de la compréhension parfaite. La connaissance transmise par le chakra coronal va beaucoup plus loin que le savoir capté par le troisième œil. Car, enfin, nous ne sommes plus séparés de l'objet de la perception. Nous vivons les différentes formes de la Création – dont notre Corps, entre autres corps, fait partie intégrante – comme le jeu de la Conscience divine avec laquelle nous sommes UN.

Le chemin du développement du chakra suprême est indiqué par le rayonnement du violet. La couleur violette est celle de la méditation et du don de soi. Tandis que nous pouvons intervenir concrètement pour activer les six centres énergétiques inférieurs, nous ne pouvons pas ouvrir davantage ce dernier chakra pour devenir une sorte de réceptacle.

Par le déploiement du septième chakra, les derniers blocages limitatifs des autres chakras sont également libérés et leurs énergies peuvent vibrer dans les fréquences les plus élevées possibles. Chaque chakra devient le reflet de l'Essence divine et exprime ainsi le potentiel suprême dont il dispose.

Dès que le chakra coronal est entièrement éveillé, sa fonction d'absorption des énergies cosmiques s'achève. C'est à lui-même d'émettre des énergies : le «calice de pétales» se voûte et forme une couronne de lumière pure au-dessus de la tête.

Fonctionnement harmonieux

Il n'y a pas de blocages proprement dit dans le septième chakra. Il est seulement plus ou moins développé.

Dès que votre chakra coronal commencera à s'ouvrir, de plus en plus fréquemment, vous allez ressentir l'inexistence de la séparation entre votre Être intérieur et la vie extérieure. Votre conscience est parfaitement calme et ouverte; dans ce silence, vous sentez votre Moi réel comme une Essence pure omniprésente, dans laquelle toutes les choses existent.

Grâce à l'ouverture progressive du chakra coronal, ces moments deviennent encore de plus en plus fréquents, ils sont de plus en plus ressentis clairement jusqu'à devenir votre réalité permanente. Si votre être est mûr, cette illumination suprême peut survenir subitement; à partir de ce moment-là, votre évolution ne connaît plus la moindre régression. Vous avez l'impression de sortir d'un long rêve et de ne vivre désormais que dans la réalité. En suivant ce chemin, vous êtes passé de l'objet-réceptacle vide à l'objet-réceptable entièrement rempli d'Essence divine. Vous savez dès lors que là est votre Moi véritable, la seule réalité durable. Votre «Moi» individuel est devenu le «Moi» universel. Votre action réalise les intentions du Créateur et la lumière dont vous rayonnez, ouvre le cœur de tous les êtres sensibles à sa présence divine. Lorsque vous voulez savoir quelque chose, il suffit d'orienter votre attention, parce que tout existe en vous dans l'Essence divine qui ne fait qu'UN avec vous. La Création est donc un jeu se déroulant dans l'espace illimité de votre propre conscience.

Vous comprenez que la matière dense elle-même n'est rien d'autre qu'une forme-pensée de la conscience divine, et qu'elle n'existe donc pas, au sens propre. Tout ce qui était réel pour vous, n'est en fait qu'illusion. Vous ressentez le plus grand vide – mais ce vide est identique à la plus grande des plénitudes, parce qu'il correspond à la vie dans son Essence pure. Et cette Essence divine de la vie est la béatitude.

Pendant les années de votre cycle vital particulièrement ouvert aux énergies du chakra coronal, vous avez eu l'opportunité d'accéder, dans le cadre de l'évolution que vous avez accomplie jusqu'ici, à une profondeur de connaissance et à un savoir intégral qui vous semblaient jusqu'à présent irréalisables. Les méditations et la sensation de vous donner à Dieu procurent en vous, plus qu'à n'importe quel autre moment, ce besoin de jeter un regard sur votre origine divine et provoquent en vous des pulsions de fusion. Vous devez par conséquent mettre ce sentiment à profit pour vous intérioriser au maximum.

Il est intéressant de rappeler, dans ce contexte, que la fontanelle d'un bébé reste ouverte pendant ses neuf premiers mois et que cela peut se prolonger jusqu'à vingt-quatre mois. Les enfants vivent donc encore cette première phase de leur existence terrestre dans la conscience d'une unité indivisible.

Septième chakra

Les conséquences du septième chakra quasi fermé

Nous avons vu que l'ouverture et l'harmonisation des chakras décrits jusqu'ici apportent une profusion de connaissances, d'expériences et de capacités. Mais sans l'ouverture du chakra coronal, vous ressentez toujours la séparation de la plénitude de l'Essence, vous empêchant de vous libérer entièrement de la peur. Or, cette peur maintient encore certains blocages dans vos chakras ; ils ne peuvent pas déployer toutes leurs possibilités puisque les énergies ne vibrent pas en harmonie totale avec les intentions du Créateur et que, par conséquent, elles ne parviennent pas non plus à vibrer en harmonie parfaite entre elles.

Lorsque pendant des années vous ne vous ouvrez pas aux vérités spirituelles, liées à l'évolution du chakra coronal (cf. le tableau des cycles vitaux), il peut vous arriver de ressentir des moments d'incertitude et d'absence de but précis. Cela devrait vous amener à vous intérioriser davantage. Peut-être êtes-vous également en train de prendre conscience de l'absurdité de votre vie actuelle ; la peur de la mort peut elle aussi se réveiller. Enfin, en tentant peut-être de refouler ces impressions qui vous rongent, vous vous réfugiez dans un surcroît d'activités en vous chargeant de nouvelles responsabilités afin de prouver que vous êtes bien indispensable. Il n'est pas rare que certaines personnes tombent alors malades et soient contraintes au repos. Si vous n'êtes pas à l'écoute de ces messages, vous resterez probablement bloqué pour le reste de votre vie, à un niveau de perception superficiel et à des limitations de votre «Moi» personnel.

COMMENT PURIFIER ET ACTIVER LE SEPTIÈME CHAKRA

La thérapie par la nature

L'espace sans limite, le ciel tout proche et le détachement que vous porterez aux événements de votre vie personnelle, tels que vous pourriez les vivre sur le sommet isolé d'une très haute montagne, sont bien les facteurs les mieux appropriés pour favoriser l'ouverture de votre chakra coronal.

La thérapie par la musique

Forme de musique : La musique favorisant l'ouverture du chakra coronal est... le silence. Dans le silence, tout notre être est particulièrement éveillé et réceptif au son divin qui emplit toute la création et représente la force de l'amour et de l'harmonie dans tous ses états. Toute musique préparant la personne et la conduisant vers ce silence est également très bien adaptée au chakra coronal.

Voyelle : Le son «m», qui correspond à une voyelle en Inde, ouvre le chakra coronal. Le «m» est chanté en «si» bémol. Il est comme un bourdonnement permanent, sans limites et sans structure, et représente l'unité indivise, la conscience pure, sans forme et sans limite, contenant de façon latente toutes les formes.

Mantra : OM

La thérapie par les couleurs

Les couleurs violettes et blanches conviennent à l'ouverture du chakra coronal.
La couleur violette provoque une transformation de

l'esprit et de l'âme en les ouvrant aux dimensions spirituelles. Elle repousse les limitations et conduit à l'expérience de l'unité cosmique.

La couleur blanche intègre le spectre de toutes les couleurs, et les différents plans vitaux, pour en faire un ensemble complet en ouvrant l'âme à la lumière divine, à la connaissance et à la guérison.

La thérapie par les pierres

Améthyste : L'améthyste réunit en elle, dans une force nouvelle, la flamme rouge de l'activité et la lumière bleue de la réceptivité, du silence et de l'espace. Elle apporte le calme réel capable de dissiper les angoisses et les dysharmonies, et apporte conscience et abandon aux forces de l'univers ; elle dirige l'esprit vers l'infini et stimule la méditation et l'inspiration.

Cristal de roche : Le cristal de roche conduit l'homme vers une plus grande intégrité unissant harmonieusement en son sein les multiples facettes de la vie. Il apporte clarté et lumière à l'esprit et à l'âme tout en facilitant les connaissances spirituelles. Il aide l'âme individuelle à s'unir à l'âme universelle. De plus, il libère des inhibitions et des blocages, apporte protection et énergies nouvelles.

La thérapie par les arômes

Olibanum : Ce n'est pas un hasard si l'encens (appelé aussi l'oliban), cette résine aromatique tirée du boswellia, est utilisé dans toutes les pratiques religieuses. Son parfum élève l'esprit et l'âme et purifie l'atmosphère. Il permet d'oublier la vie quotidienne et de se consacrer à l'élévation de l'âme au niveau où elle peut devenir le réceptacle de la lumière divine.

Lotus : La fleur de lotus symbolise, en Orient, la

beauté et l'accomplissement spirituel. Avec des racines ancrées dans la boue, ses fleurs s'élèvent au-dessus de l'eau : l'homme parfait vit de la même façon dans le monde, car son être véritable s'abstrait de ce monde-là et vit en unité avec Dieu. Il rayonne de la lumière et de l'harmonie qui apportent au monde amour, joie et connaissance, et conduit l'âme ouverte sur le chemin de l'unité avec Dieu.

COMPRENDRE LES ÉQUIVALENCES ASTROLOGIQUES

Dans la littérature spécialisée, nous trouvons les équivalences les plus diverses entre les planètes, les signes astrologiques et les différents chakras. Il existe apparemment plusieurs systèmes d'origines différentes. Notamment, des équivalences peuvent être observées entre les couleurs, les planètes et les signes du zodiaque. On établit une correspondance entre les couleurs et leur pouvoir, et la couleur spécifique du chakra. D'autres déductions sont fondées sur des éléments correspondant aux signes astrologiques et aux chakras. Les liens entre nos organes et les parties de notre corps d'une part, les planètes et les signes zodiacaux de l'autre, représentent encore d'autres moyens de définir les équivalences avec tel ou tel chakra. Souvent, on trouve aussi une combinaison entre plusieurs systèmes. L'équivalence est aussi proposée entre les sept planètes de l'astrologie classique (Soleil, Lune, Mercure, Vénus, Mars, Jupiter et Saturne) et les sept chakras. Toutefois, il faut remarquer que les équivalences peuvent changer au cours de l'évolution de l'être et qu'il faut finalement inclure les planètes transaturniennes comme Uranus, Neptune et Pluton récemment découvertes.

Nous pensons que chacun de ces systèmes est valable puisqu'il admet les différents aspects de l'expression des chakras. Concernant les équivalences astrologiques indiquées dans les chapitres précédents, nous avons pris en considération les différentes possibilités de correspondance qui nous semblaient logiques et sensées. Nous y avons ajouté, brièvement, les aspects ou les fonctions du chakra évoqués dans les planètes et dans les signes du zodiaque correspondants.

COMMENT PURIFIER ET ACTIVER LES DIFFÉRENTS CHAKRAS

Ouvrir vos chakras équivaut à un voyage au fond de vous-même, un voyage dans la vie, un voyage vers Dieu. C'est une méthode holistique pour déployer toutes nos potentialités à nous, êtres humains.

Nous avons appelé « thérapie » la plupart des moyens que nous pouvons appliquer ici. Mais il ne faut pas en déduire pour autant que ces applications soient réservées au domaine médical. Le mot « thérapie » vient du terme grec « therapeua » qui signifie « aider quelqu'un sur son chemin » – et dans ce sens, les parfums, les sons, les couleurs et les pierres précieuses peuvent nous aider dans la voie de l'ouverture et de l'harmonisation des chakras.

Si nous désirons que la thérapie des chakras ait des effets durables, il faut qu'elle s'accompagne d'un processus de maturation et de croissance intérieure. Pour faciliter cette démarche, certaines données doivent être respectées :

1) Sélectionner une ou plusieurs thérapies adaptées aux chakras, parmi celles qui vous tentent pour telle ou telle raison, et les appliquer aussi régulièrement que vous le pouvez. Trouvez ainsi votre propre rythme : c'est le seul moyen pour une évolution régulière.

2) Lorsque, au cours d'une chakra-thérapie, des blocages se libèrent dans les chakras, il est possible que vous reviviez une fois encore les expériences et les émotions ayant entraîné des blocages. A cette occasion, des maladies chroniques peuvent même entrer, provisoirement, dans une phase aiguë – ce qui est tout à fait comparable à certaines réactions de guérison, typiques pour les différentes thérapies naturelles.

Laissez se produire ces réactions sans intervenir et sans les analyser. Ne supprimez ni un sourire ni une larme. Tout ce que vous apprendrez ainsi fait partie du processus nécessaire à la purification naturelle de vos chakras. Vous allez sentir vous-même à quel moment le travail de purification devient trop intense pour vous. Quoi qu'il arrive, laissez le traitement se terminer en douceur, restez encore quelques instants assis ou allongé, affectueusement attentif à ce qui se passe dans votre corps et dans votre âme – jusqu'à ce que les symptômes désagréables ne vous incommodent plus.

3) Prenez garde, tout particulièrement, à l'ouverture et à l'harmonisation du chakra du cœur, centre de tout le système des chakras ; car c'est en lui que se situe l'amour qui vous ouvre à la vie et aux hommes, et qui neutralise l'ensemble des tensions risquant de refermer vos autres chakras. Grâce à l'ouverture du chakra du cœur, vous pourrez ainsi laisser les autres chakras ouverts pour qu'ils agissent le mieux possible.

4) Veillez à intégrer toutes les expériences liées à l'ouverture progressive des chakras dans votre vie quotidienne. Ne refusez rien ; observez tout avec amour. C'est la seule façon de comprendre les messages et de les utiliser pour votre vie et votre évolution.

Avant d'analyser en détail les différentes thérapies, voici d'abord quelques remarques générales nécessaires à une bonne compréhension : à l'origine de notre création, il y a une énergie de conscience, pure et sans limite, qui ne s'est pas encore manifestée et qui est sans forme et sans qualité. Dès que cette énergie de conscience se met à vibrer, se forment des structures énergétiques créant, grâce à leurs variations et à leurs modifications, la palette complète des phénomènes de la Création. Plus les vibrations de cette énergie primordiale gagnent en densité, plus leur expression devient concrète et palpable – jusqu'à ce qu'elles deviennent ce qu'on appelle matière dense.

Un principe similaire est connu en physique quantique. Il décrit un champ unifié, un plan d'excitation minimale de la matière où tous les états d'excitation existent de façon latente et à partir duquel ils prennent corps et créent le monde visible.

Lors du processus de concrétisation de cette énergie primordiale de la conscience, commencent à apparaître d'abord quelques structures vibratoires fondamentales traversant l'ensemble de la création à tous les niveaux.

Certes, nous savons que la lumière blanche incolore se divise en sept spectres de couleurs dont les combinaisons représentent la riche palette des couleurs de notre monde. Et nous retrouvons cette même structure vibratoire fondamentale sur le plan de la lumière où elle revêt la forme des couleurs précises, de même que dans le royaume des sons où elle se présente sous l'aspect de sons très précis. Là aussi, une gamme chromatique fondamentale sert de base à une quantité innombrable d'œuvres musicales. Il en va de même dans le domaine abstrait des chiffres, dans le royaume des formes et des gestes (exprimés par exemple par la danse), dans le règne végétal comme dans le règne animal, mais aussi dans l'éventail des parfums, des cristaux, des minéraux, des métaux, etc. En astrologie, ces structures fondamentales sont indiquées par les principes des différentes planètes et des signes zodiacaux ; chez l'homme, nous les retrouvons sous forme de différentes qualités, idées et sensations, et également dans les fonctions de certaines parties du corps et des organes correspondant aux chakras auxquels ils correspondent.

Grâce à la loi de la résonance vibratoire, nous savons que nous sommes en mesure d'influencer nos chakras. En associant nos sens internes et externes, avec une certaine structure vibratoire, nous stimulons et réanimons la vibration du chakra correspondant.

Un exemple : sous l'influence d'une couleur d'un rose tendre, les sentiments de douceur et de tendresse sont éveillés. Avec des pierres précieuses, la même résonance vibratoire peut être obtenue par un quartz rose ; en musique, par le doux chant d'une harpe ou d'un violon. Un attouchement même, rempli de tendresse et d'amour, peut déclencher dans votre chakra du cœur une vibration en rapport avec lui, contribuant à ouvrir ce centre et à renforcer ses vibrations propres. De la même manière, vous trouvez, partout dans la nature, des moyens d'expression correspondant à ce principe de douceur et d'amour tendre, prêts à se manifester en vous.

Dans les chapitres précédents, nous avons indiqué les correspondances de chaque chakra avec les expériences de la nature, des couleurs, des pierres précieuses, des sons et des parfums, tous applicables pour favoriser l'ouverture des chakras. Plus la vibration des moyens que vous utilisez est claire, pure et naturelle, plus la vibration de votre chakra s'en trouve stimulée sous sa forme primaire la plus pure, et plus les influences négatives ou les dysfonctionnements du chakra se voient neutralisés.

La thérapie par la nature

La nature offre une multitude d'opportunités pour purifier, harmoniser et animer les chakras. La campagne, les rivières, les animaux, les fleurs et les plantes s'unissent aux vibrations des trois chakras inférieurs pour renforcer et soutenir leur fonction initiale. Liée aux trois chakras supérieurs, la beauté de notre planète aide les énergies de ces chakras à s'exprimer et à se stabiliser Ici et Maintenant. Le ciel, avec ses couleurs changeantes, ses lumières et ses étoiles, élargit et élève les chakras inférieurs tout en soutenant les chakras supérieurs dans leur fonction initiale. Le chakra du cœur unit à l'amour la beauté du ciel et de la terre, avec leurs vibrations spécifiques.

Laissez agir en vous cette nature-thérapie dans le silence intérieur réceptif et reconnaissant. Cela vous tiendra ouvert à toutes les influences qui guérissent, élargissent votre horizon et stimulent en vous la vie.

Portez délicatement votre attention sur le chakra concerné en vous imaginant que la nature-thérapie agit sur vous à travers lui. Acceptez toutes les émotions et toutes les sensations qui se présentent à vous. Elles sont le signe de l'effet purificateur et vivifiant exercé consciemment par cette nature-thérapie sur votre chakra.

La thérapie par la musique

Le son est une vibration devenue audible. Si notre ouïe avait un champ d'action plus grand et pouvait capter toutes les fréquences de tous les sons, nous entendrions la musique des fleurs et des brins d'herbe, des montagnes et des vallées, la musique du ciel et des étoiles autant que la symphonie de notre propre corps.

Les découvertes de la science moderne confirment les données que les mystiques et les sages de toutes civilisations ont découvertes et utilisées pour harmoniser, guérir et élargir la conscience des êtres humains : toute vie dans la Création est son. L'homme et son monde ont été créés par les sons et survivent grâce à eux.

Les sciences confirment que chaque particule de l'univers, ainsi que toutes les formes de rayons, toutes les énergies de la nature et toutes les informations fondent leurs qualités spécifiques sur leur structure musicale, c'est-à-dire sur les fréquences et sur les sons harmoniques de leurs vibrations particulières.

Parmi les milliards de vibrations physiques existant, notre univers en a, en effet, choisi quelques milliers ayant un caractère harmonique. Son choix s'est effectué dans un rapport de 1 à 1 million en fonction de la proportion de sons harmoniques ; les gammes majeures de préférence aux gammes mineures ; certaines gammes de musique ecclésiastique, les râgas indiens, etc.

Les protons et les neutrons de l'atome oxygène vibrent, par exemple, dans une gamme en ut majeur. Dès la formation de la chlorophylle issue de la symbiose entre la lumière et la matière, pourrait être entendu un triple accord musical où chaque fleur et chaque brin d'herbe de la prairie chanterait sa propre mélodie pour que tous leurs chants réunis forment un ensemble harmonieux. Dans le cas contraire, ces plantes ne parviennent pas à s'entendre pour vivre ensemble; ce qui est d'ailleurs le cas pour certaines espèces.

Beaucoup de nos connaissances sur les plantes ont pu être obtenues grâce à la spectroscopie photo-acoustique moderne. Cette technique a notamment réussi à rendre audible l'ouverture d'un bouton de rose : un retentissement similaire au son provoqué par un orgue rappelant celui d'une toccata de Bach. La radiotélescopie moderne a pu nous confirmer que le cosmos est également rempli de sons et que chaque astre aurait sa mélodie propre.

La musique que nous composons est une imitation de cette musique de la vie. Dans les cultes de certains peuples, elle symbolise la répétition de l'acte créateur. Il s'agit alors d'une énergie vitale pénétrant tous les aspects de la vie ayant le pouvoir de maintenir et de renouveler cette vie. Nous pouvons nous en servir pour renouer avec les forces vitales actives en toutes choses ; pour équilibrer nos propres énergies et pour créer un état d'harmonie perpétuel avec la vie au cœur de l'univers.

Or, il y a des musiques peu adaptées à cette démarche. Nous savons par nos propres expériences quelles réactions différentes peuvent déclencher en nous certains types de musique. La musique peut être calmante et relaxante, elle peut nous mettre dans un état d'équilibre et d'harmonie, elle peut ranimer quelque chose en nous ; nous inspirer, nous toucher profondément ou n'atteindre que la surface triviale de nous-même. Des sons dysharmonieux peuvent même déclencher une certaine nervosité et de l'agressivité ou un sentiment d'embarras et de découragement.

Les effets des différentes sortes de musique ont été illustrés par de nombreuses recherches sur des animaux et des plantes sélectionnés. Les poules, par exemple, pondraient davantage d'œufs dans un environnement de musique classique et les vaches y donneraient davantage de lait; la musique rock à l'inverse provoquerait une baisse de la production chez les poules pondeuses et les vaches laitières. Les plantes soumises pendant un certain laps de temps à une musique rock végéteraient et pousseraient dans la direction opposée au haut-parleur; si, au contraire, ce dernier diffuse de la musique classique, elles réagiraient par une croissance plus rapide, formant plus de feuilles et plus de fruits que des plantes non exposées à la musique. Apparemment, les plantes aiment tout particulièrement la musique de Bach. Certaines d'entre elles s'inclineraient même dans un angle de 35° vers le haut-parleur. L'influence de la musique indienne jouée au sitar est particulièrement positive sur les plantes dont l'angle d'inclinaison pourrait atteindre 90°; mieux encore, les plantes les plus proches enlaceraient même le haut-parleur comme si elles voulaient fusionner avec cette source de musique vitalisante. Avec la musique folk et country, les plantes sembleraient rester indifférentes, leur réaction étant identique à celle des plantes des groupes de préférence, sans musique.

Ce qui est valable pour les plantes et les animaux, l'est également pour les hommes. Si nous voulons harmoniser et activer nos centres énergétiques par la musique, il faut la sélectionner soigneusement.

Dans les chapitres traitant les différents chakras, vous avez pu trouver des généralités : à savoir quel type de musique convient à l'animation et à l'harmonisation de chaque centre énergétique. Vous avez sans doute déjà repéré dans votre collection de disques et de cassettes quelques titres de musiques pour vos chakras – peut-être avez-vous aussi découvert par la même occasion votre préférence pour un certain chakra ? Suivez bien nos indications et votre propre sentiment. Lors d'un achat de disques ou de cassettes, faites très attention de savoir quel chakra sera concerné par telle ou telle musique. N'hésitez pas à prendre des notes ! Cela vous permettra de trouver rapidement la musique appropriée si vous voulez influencer un certain centre énergétique. Vous pouvez organiser vous-même un voyage musical à travers vos sept chakras, en copiant sur une cassette un morceau de 3 à 5 minutes de toutes les musiques aimées en rapport avec les différents centres énergétiques. Faites toujours débuter et se terminer les différents extraits musicaux en douceur. Commencez par la musique stimulant le centre racine et montez jusqu'au chakra coronal.

La composition d'un tel voyage sonore à travers les chakras se trouve sur la cassette «Méditation sur les Chakras» (Shalila Sharamon et Bodo J. Baginski). Cette musique a été spécialement composée pour la thérapie et la méditation à travers les chakras. La première face de cette cassette sert de fond sonore au voyage imaginaire dont le texte est reproduit à la fin de ce livre (cf. le chapitre «Un Voyage imaginaire à travers les Chakras»). La deuxième face ne contient que la musique reposant sur l'idée que chaque note de la gamme chromatique et chaque mode correspond à un centre énergétique :

le do bas et le do majeur   pour le 1er chakra,
la note ré et le ré majeur pour le 2e chakra,
la note mi et le mi majeur pour le 3e chakra,
la note fa et le fa majeur pour le 4e chakra,
la note sol et le sol majeur pour le 5e chakra,
la note la et le la majeur pour le 6e chakra,
la note si et le si majeur pour le 7e chakra.

Le choix des instruments, des rythmes et des notes successives a été coordonné pour chaque chakra afin d'arriver à une animation et à une harmonisation maximales des centres énergétiques et, par voie de conséquence, de votre être tout entier. Vous pouvez faire ce voyage à travers le monde sonore indépendamment, avec l'appui, ou en complément d'une ou de plusieurs autres formes thérapeutiques décrites dans les chapitres précédents.

«Spectrum-Suite» de Steven Halpern est également bien adapté à ces besoins parce que cette musique avait été composée en respectant la gamme musicale de chaque chakra. Comme le plupart des œuvres musicales du Nouvel Age, cette composition est simple. Elle demande une écoute nouvelle, dite pure, c'est-à-dire libérée de tous les schémas rationnels et émotionnels utilisés jusqu'à présent.

Pour la musicothérapie des chakras, allongez-vous ou asseyez-vous confortablement dans le but de bien vous relaxer. Si vous restez assis, veillez à ce que votre dos soit bien droit pour que les énergies puissent circuler librement entre les différents centres énergétiques.

Ouvrez-vous à la musique, laissez-la pénétrer en vous. Acceptez que ses vibrations modifient les vibrations de votre corps, de votre esprit et de votre âme. Mettez à l'écart la plupart de vos idées et de vos espoirs et entrez dans la musique, et identifiez-vous à elle. Pendant la première partie musicale, orientez doucement et sans effort votre attention sur le chakra-racine pour « voir » ce qui s'y passe. Acceptez toutes les images et tous les sentiments que la musique provoque en vous. Vous allez observer que vous vous détendez de plus en plus au fur et à mesure que vous montez progressivement d'un chakra à l'autre, et qu'en même temps, vous vous sentez de plus en plus animé et heureux. Peut-être ressentirez-vous à la fois agir les sons, tout particulièrement dans un centre énergétique déterminé, et des blocages extrêmements forts dans l'un de vos chakras. Dans ce cas, la fois suivante, vous pouvez stimuler le flux énergétique de ce chakra par quelques cristaux de roche (cf. également le chapitre sur la «La thérapie par les pierres»).

Une fois la musique terminée, jouissez encore du silence pendant un certain temps. C'est un silence vivant qui contient tous les sons de l'univers, comme la lumière incolore contient toutes les couleurs. Dans ce merveilleux silence, votre âme est particulièrement éveillée et très réceptive à la musique céleste, retentissant à travers tous les phénomènes, et porteuse de révélations.

Pour terminer, imaginez-vous que le silence pénètre dans tous les centres énergétiques en commençant par le chakra coronal.

Vous pouvez prendre un tel bain purificateur et revitalisant d'énergies spirituelles tous les matins et tous les soirs, ou dès que vous en ressentez l'envie ou le besoin.

S'il y a un morceau de musique que vous aimez spécialement et qui vous détend, vous calme, vous ouvre et vous remplit d'une joie interne plus que d'autres, vous pouvez évidemment l'écouter en fond sonore pour toutes les autres thérapies.

Nous vous conseillons également de danser. Dès lors que vous déterminez vous-même votre voyage musical à travers les chakras, dansez sur cette musique dès que cela vous tente. Laissez-vous aller complètement afin que votre corps trouve lui-même le mode d'expression nécessaire. Grâce à cette danse, vous vous intégrerez à tous les plans vibratoires de la Création. Ses forces peuvent s'exprimer à travers votre corps et pénétrer ainsi plus fortement chaque acte de la vie quotidienne. Évidemment, vous pouvez aussi danser sur une musique concernant un seul de vos chakras si vous souhaitez vous lier davantage aux énergies de ce centre et les exprimer activement.

Nous voudrions maintenant vous présenter deux autres thérapies ou méditations, qui peuvent également se révéler très efficaces. L'instrument utilisé est votre propre voix afin que ses vibrations vous pénètrent de l'intérieur comme de l'extérieur. Vous émettez un seul son à la fois pour stimuler un seul chakra.

Depuis les travaux réalisés sur la gamme harmonique, nous savons que chaque son contient la globalité de tous les autres sons même si, normalement, ceux-ci ne sont pas consciemment audibles. Lorsqu'une corde vibre – et nos cordes vocales correspondent aux cordes d'un instrument, rappelons-le – c'est non seulement toute la corde qui vibre et qui donne donc le son fondamental, mais également la moitié de la corde, c'est-à-dire l'octave au-dessus ; de la même façon, cela fait vibrer les deux tiers de la corde, donc la quinte, de même ensuite les trois quarts de la corde, donc la quinte – les trois cinquièmes de la corde, la sixte majeure – les quatre cinquièmes, la tierce majeure – les cinq sixièmes, la tierce mineure et ainsi de suite. Cela signifie que toute la gamme chromatique vibre également en gamme harmonique. Il existe, en Inde, des instruments de musique qui accentuent les harmoniques et les rendent audibles aux oreilles humaines. Un phénomène similaire se produit dans les chants harmoniques.

Les vibrations spontanées de ces sons harmoniques font qu'à chaque fois que nous chantons le son d'un certain centre énergétique, tous les autres centres sont également concernés; la stimulation d'un chakra particulier est donc toujours accompagnée d'une harmonisation de tous les autres centres.

Vous pouvez appliquer ces deux formes de thérapie par les sons soit debout, soit assis; dans le dernier cas, essayez de préférence de vous asseoir en lotus ou en tailleur, ou encore en posture de diamant (à genoux et les fesses posées entre les talons).

La première forme de thérapie par les sons que nous vous présentons, utilise les sons de la gamme chromatique correspondant aux chakras ainsi que les voyelles de l'alphabet (sachant qu'en Inde, le « m » est également considéré comme une voyelle). Les effets des voyelles ont été indiqués dans les chapitres sur les chakras.

Entonnez les voyelles au moment de l'expiration. Chantez chaque voyelle trois fois, à une force vocale normale, en orientant votre attention sur le chakra concerné et en laissant pénétrer la vibration du son à cet endroit précis.

Commencez par le chakra-racine et chantez les voyelles dans l'ordre suivant :

« u » sur le DO bas   pour le 1er chakra,
« o » (fermé) sur la note RÉ   pour le 2e chakra,
« o » (ouvert) sur la note MI pour le 3e chakra,
« a » sur la note FA   pour le 4e chakra,

« e » sur la note SOL pour le 5ᵉ chakra,
« i » sur la note LA pour le 6ᵉ chakra,
« m » sur la note SI pour le 7ᵉ chakra.

Les voyelles de l'alphabet contiennent tout le cosmos. Elles vous conduisent successivement vers l'intérieur et vers l'extérieur, vers le bas et vers le haut ; elles sont couronnées par le « m » de l'unité éternelle. Vous pouvez descendre encore une fois la gamme des notes et la remonter de nouveau. Ensuite, restez encore quelques instants en silence et laissez vibrer ces expériences en vous.

Voici une autre thérapie par les sons : à la place des voyelles, utilisez des bîja-mantras en rapport avec les chakras. Les mantras sont des syllabes de méditation agissant par leur vibration. Ils expriment certains aspects de l'unité divine indivisible et relient le méditatif à cette force cosmique. Concernant les méditations sur les chakras, on utilise des mantras-semences ou bîja-mantras. Bîja signifie énergie, semence végétale, force première se trouvant derrière chaque manifestation. C'est là l'expression tout particulièrement concentrée de l'unité suprême. Nous vous redonnons ici la liste des bîja-mantras stimulant les différents chakras :

LAM	pour le 1ᵉʳ chakra
VAM	pour le 2ᵉ chakra
RAM	pour le 3ᵉ chakra
YAM	pour le 4ᵉ chakra
HAM	pour le 5ᵉ chakra
KSHAM	pour le 6ᵉ chakra
OM	pour le 7ᵉ chakra

A notre connaissance, il n'y a pas de correspondance entre l'enseignement traditionnel consistant à entonner les bîja-mantras et les notes de la gamme chromatique. Nous considérons que c'est à vous de trouver la façon la plus agréable et la plus efficace pour chanter ces syllabes. Vous pouvez également réciter ces mantras intérieurement sans aucun son audible.

Ces deux dernières thérapies ou méditations par le son ne requièrent pas beaucoup de temps, vous pouvez donc les répéter sans difficultés tous les jours. Nous vous conseillons, pour ces thérapies, de porter comme d'ailleurs pour toutes les autres, des vêtements aussi naturels que possible et de vous entourer de matières naturelles. Nous avons signalé au début de ce chapitre que toute chose émet sa propre musique. Ces vibrations agissent sur nous exactement comme les vibrations de la musique audible ou des bruits perceptibles, même si leur action est un peu plus faible. Elles provoquent en nous une résonance qui peut modifier nos propres structures vibratoires, voire même perturber leur fonctionnement. On peut affirmer que tout ce qui a poussé ou qui s'est développé naturellement engendre des sons harmonieux qui s'harmonisent entre eux, nous mettant aussi en harmonie avec la grande symphonie de la Création. Les matériaux et tissus artificiels en revanche provoquent, dans la plupart des cas, des dysharmonies comparables aux bruits souvent désagréables des machines inventées par l'homme. Ceci suffit à expliquer pourquoi certains êtres sensibles ne se sentent pas à l'aise dans un monde où les matières plastiques et les vêtements en tissus synthétiques ont pris tant de place.

En pratiquant régulièrement l'une des musicothérapies décrites, vous allez constater que vous vous ouvrez davantage à la musique de la vie.

Nous terminons ce chapitre en donnant la parole à Hazrat Inayat Khan, le fameux musicien soufi d'origine indienne :

« Un être humain peut faire partout l'expérience de l'harmonie et de l'unité, dans la beauté de la nature, dans les couleurs des fleurs, dans tout ce qu'il voit et dans tout ce qu'il rencontre. Durant les heures de méditation et de solitude comme durant les heures de la vie quotidienne. Partout, il ressent la musique et il se réjouit de son harmonie. En détruisant les murs qui l'entourent, il vit une unité avec l'absolu. Cette unité correspond à la manifestation de la musique des sphères. »

La thérapie par les couleurs

Les couleurs sont des sons devenus visibles ; elles vibrent dans des fréquences beaucoup plus hautes que notre oreille n'est capable de les capter. Pour les saisir, la nature a créé l'œil et la vue. Grâce à leurs vibrations spécifiques (longueurs d'onde ou fréquences), que nous en soyons ou non conscients, les couleurs exercent sur nous une influence énorme. Nous sommes toujours soumis à l'influence des couleurs – à commencer par les magnifiques phénomènes naturels comme le bleu de la mer et du ciel, le vert des forêts et des prairies, le brun de la terre fraîchement labourée, le jaune du sable du désert jusqu'aux couleurs changeantes du soleil levant et couchant. Notre environnement intime et individuel même est marqué par les couleurs, celles de nos vêtements et de notre literie, des meubles et des tapisseries de notre habitat ou de notre lieu de travail – sachez que les couleurs de nos aliments ont aussi une influence. Partout, nous sommes exposés aux vibrations des couleurs dont, consciemment ou non, nous ressentons les effets dont nous pouvons bénéficier si nous les utilisons avec intelligence. Leurs différentes vibrations agissent sur nous essentiellement à travers nos chakras. Dans les précédents chapitres, nous avons décrit les couleurs correspondant à chaque chakra, qui sont surtout des couleurs du spectre. Nous connaissons tous ce phénomène de décomposition de la lumière complexe qui apparaît chaque fois qu'un faisceau lumineux traverse un prisme ou une matière similaire. Dans la nature, nous pouvons observer ces couleurs grâce à une goutte de pluie et de rosée ou, dans sa forme la plus parfaite : l'arc-en-ciel. Nous y discernons les couleurs les plus pures du spectre. Or, s'il y a un moyen de guérir par les couleurs, celles-ci doivent être aussi pures que possible.

En thérapie, nous utilisons souvent une lampe spéciale de colorthérapie, dans laquelle nous mettons des filtres colorés pour exposer consciemment nos patients à divers rayonnements. Ce simple appareil est déjà très

Comment purifier et activer les différents chakras

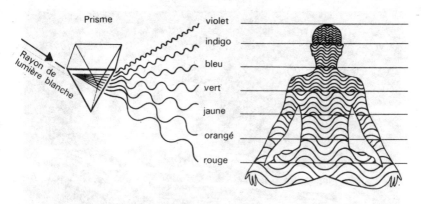

Un rayon lumineux blanc est décomposé par un prisme dans les sept couleurs spectrales que l'on peut différencier par leurs différentes longueurs d'ondes. On trouve également sur ce dessin leur correspondance avec les chakras.

efficace, mais le résultat est encore plus intéressant quand on utilise un color-projecteur avec lequel il est possible de soumettre les sept chakras en même temps à un rayonnement optimal.

A notre connaissance, un tel appareil n'existe pas ; pour vous en donner un aperçu, vous trouverez son croquis à la page suivante.

Évidemment, vous pouvez utiliser également une simple lampe de bureau et installer des feuilles de papier transparent et de couleurs différentes devant l'ampoule (attention au risque d'incendie !). Orientez cette lumière pendant 5 à 10 minutes sur chaque chakra ou sur la totalité du corps.

Une autre méthode très intéressante a été développée par le chercheur en pierres précieuses Joachim Roller. Il a développé un projecteur à faisceau concentré, dont la particularité consiste dans le fait que cette lumière concentrée passe par une pierre précieuse pour atteindre une haute qualité vibratoire spécifique. Les différents litho-projecteurs sont réglables et peuvent être adaptés individuellement à chaque personne. Le principe de cette application est fondé sur des données

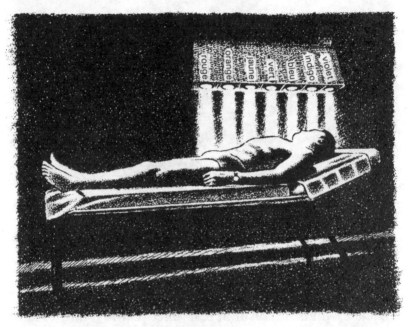

ayurvédiques que Joachim Roller a étudiées plusieurs années durant. Les résultats qu'il a pu présenter lors de plusieurs congrès, semblent très encourageants.

Or, la connaissance des effets bénéfiques de la lumière filtrée n'est nullement récente. Les Égyptiens, ainsi que les Grecs, utilisaient déjà les vibrations des couleurs pour guérir les malades. Selon les maladies, ils mettaient les patients dans des chambres ayant de grandes ouvertures de fenêtres revêtues de tissus bleu, rouge ou violet. La lumière du soleil qui pénétrait par là, atteignait ainsi une nouvelle qualité vibratoire ayant des effets positifs sur certaines maladies physiques ou psychiques. Cette méthode est tout à fait applicable aujourd'hui. Nos églises sont très fréquemment dotées de grands vitraux en couleurs qui transforment la qualité de la lumière pénétrante. Nous présumons que les bâtisseurs des édifices sacrés connaissaient cet effet et qu'ils utilisaient les couleurs à bon escient, de façon consciente et réfléchie.

Il est à la portée de tout le monde de comprendre que

Comment purifier et activer les différents chakras

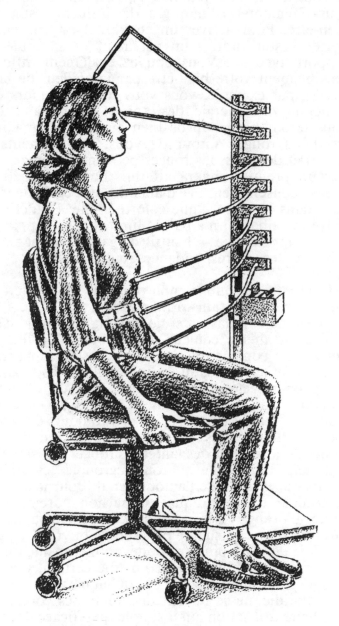

« Litho-projecteur »

la couleur de nos vêtements (ainsi que celle de nos sous-vêtements) a une grande influence sur notre bien-être. Pour activer un chakra, il est conseillé de porter à son endroit un vêtement de la couleur en rapport avec lui. Vous pouvez également influencer sensiblement votre bien-être par la couleur de la literie. Si, par exemple, vous vous sentez toujours faible et dépourvu d'énergie, des tapis et des rideaux rouges vous feront beaucoup de bien ainsi qu'un maximum de fleurs rouges autour de vous. Des aliments, des épices et des boissons rouges peuvent également fortifier un premier chakra affaibli. Le jus de betterave rouge, conseillé en cas d'anémie, est également efficace dans le cadre d'une colorthérapie. En définitive, notre imagination n'a pas de limites dans l'application de la colorthérapie – il suffit de garder en mémoire le schéma des correspondances entre chakras et couleurs.

Il ne faut pas oublier non plus que toute la création est fondée sur certains principes logiques des couleurs. Ce n'est pas un hasard si notre sang est rouge, c'est-à-dire de la même couleur que la braise du feu ou le volcan. La couleur rouge est toujours en rapport avec l'énergie et l'activité, qu'il s'agisse d'une rose rouge qui attire un insecte pour la pollinisation ou d'un bar à ambiance rouge pour ranimer l'activité sexuelle de ses visiteurs – en l'occurrence, il s'agit toujours d'un seul et même principe mis en action. Nous connaissons le terme du «quartier des lanternes rouges» désignant les quartiers d'une ville où sont regroupés les établissements où se pratique l'amour vénal. Pour la sexualité, la couleur rouge indique l'impulsion purement physique. L'orange correspond au deuxième chakra et est un signe d'une sensualité plus subtile ouvrant la porte à une joie de vivre plus profonde, à un érotisme où à des sentiments d'amour jouant un rôle certain. Ces quelques exemples illustrent le fait qu'en partie au moins la vie quotidienne se ressent des effets des couleurs. La meilleure utilisation aussi simple qu'efficace des vibrations des couleurs reste toujours la connaissance et

Comment purifier et activer les différents chakras

l'application intelligente des correspondances entre elles et les sept chakras principaux.
Qui aurait l'idée d'allumer davantage un volcan? – Dans la vie quotidienne, à l'inverse, cela arrive très fréquemment! Nous vous racontons à l'appui cette histoire qui nous est réellement arrivée : Un beau jour, Bodo a reçu dans son cabinet la visite d'une bonne sœur qui se plaignait de douleurs dans la partie basse du dos. Quand elle fut allongée sur la table de traitement, Bodo fut surpris de constater qu'elle portait des dessous d'un rouge particulièrement vif; vivre librement sa sexualité était sans doute à peine possible pour cette religieuse. Il y avait donc une surcharge énergétique massive au niveau du premier chakra (= fin de la colonne vertébrale). Dans ce cas précis, la couleur du linge était pour le moins contre-indiquée. Si cette femme s'était exposée à la vibration du violet par exemple, elle aurait pu trouver ainsi une aide apaisante pour transmuter «spirituellement» cette surcharge énergétique, et si elle avait choisi le bleu, cette couleur aurait pu freiner ou neutraliser ses énergies.

Pareil cas nous démontre très clairement l'importance de la vibration des couleurs! Et parce qu'on n'oublie pas si facilement l'image d'une bonne sœur affublée de dessous rouge vif, nous avons raconté cette histoire qui doit être sûrement exceptionnelle.

Grâce à la connaissance que nous avons des relations entre les couleurs et nos centres énergétiques, nous pouvons nous servir des vibrations des couleurs de manière consciente et bien ciblée. Par exemple : pour stimuler le chakra du cœur, nous pouvons nous entourer d'un maximum de choses de couleur rose : nous mettrons des fleurs roses dans notre foyer ou sur notre lieu de travail; nous porterons, de préférence, des vêtements roses ou peut-être même ces fameuses «lunettes roses» qui permettent de voir le monde vraiment en rose. Il existe également des ampoules roses, des bougies roses et des sels de bain de cette même couleur; et si nous nous préparons un yaourt ou une crème, pourquoi ne pas aussi les teinter de rose? Nous pouvons, par exemple, porter des bijoux en quartz rose ou placer quelques pierres précieuses roses sur notre table de nuit, dans notre bureau ou à la cuisine.

Si vous désirez vous entourer durablement de cette douce couleur du cœur, vous pouvez aménager votre appartement, ou simplement une pièce choisie, tout en rose. Vous pouvez ajouter des taches de couleur par l'intermédiaire des rideaux, des tapis, de la tapisserie, des coussins.

Dans notre civilisation, le rose est la couleur préférée des vêtements pour bébés-filles; la femme aime aussi porter des dessous roses. Apparemment, le fait de déployer les impulsions subtiles de l'amour dans le chakra du cœur correspond à une qualité très féminine. Dans ce contexte, nous aimerions encourager les hommes à dépasser, pour une fois, les conventions et à s'entourer également de couleur rose lorsque cela semble approprié.

Si vous n'avez pas la possibilité de vous exposer à la vibration de votre couleur préférée, vous pouvez toujours vous décider pour un blanc incolore ou une lumière blanche; cette lumière d'une blancheur pure (pas le néon!) réunit à elle seule, nous l'avons déjà dit, tout le spectre chromatique et donc par conséquent la couleur dont vous avez besoin aussi. En portant des vêtements blancs ou en vous exposant aux rayons de la lumière naturelle du soleil, vous captez automatiquement toutes les couleurs du spectre. Cette forme d'application était également bien connue des Égyptiens et des Grecs. Pendant la journée, ils mettaient leurs malades au soleil ou les entouraient de draps blancs.

La couleur noire, ayant la vibration chromatique la plus faible, provoque des effets complètement opposés. C'est donc la moins favorable de toutes les couleurs. Des vêtements noirs portés en permanence réduisent sensiblement toutes les fonctions des chakras, et ceux dont l'équilibre psychique est fragile, peuvent se rendre compte de l'impact puissant de cette couleur, même si elle est actuellement très à la mode.

Chaque fois que nous arrivons à une certaine

compréhension des choses, nous avons toujours le choix d'agir pour ou contre la nature et ses lois. Nous sommes libres de nos décisions!

Une visualisation de couleurs sur les chakras

« Pour moi, l'esprit correspond à cette force de l'âme qui pense et qui imagine. »
Aristote (384-322 avant J.C.)

Toutes les méthodes d'application présentées jusqu'alors sont des « méthodes extérieures » pour vous ouvrir aux influences venues de l'extérieur afin qu'elles agissent sur vous. Or, il existe d'excellentes méthodes pour faire agir les couleurs « intérieurement ». Ceci demande de votre part une certaine participation active. Toutes les personnes qui aiment prendre leur destin sérieusement en main, considèrent cette méthode comme la plus efficace pour agir positivement sur leurs chakras.

Le mot magique est « visualisation »! Il implique que nous laissions monter en nous une image intérieure grâce à notre force mentale. Ceci correspond à une capacité naturelle de l'homme et n'est donc pas trop difficile à réaliser. Cette méthode est appliquée aujourd'hui, avec de bons résultats, par des médecins et par des psychologues, notamment pour traiter les cancers. On trouve également le terme « d'imagination » que l'on peut interpréter comme « faculté d'évoquer des images » ou comme « fantaisie créatrice dirigée ». Il est intéressant de constater que notre mental dispose réellement de cette possibilité de faire affleurer à la réalité toute visualisation créatrice intense. Pour y parvenir, il faut que nous acceptions pleinement l'image intérieure, c'est-à-dire qu'il y ait en nous une volonté de la transposer dans la réalité.

Certaines personnes apprennent très rapidement la technique de la visualisation, d'autres ont besoin de davantage d'entraînement – mais le jeu en vaut bien la chandelle !

Il est également intéressant de savoir que les personnes dont le signe astral est marqué par une forte dominance de l'élément feu (Bélier, Lion et Sagittaire) ont une grande capacité de visualisation, car nous savons par les connaissances des chakras, que l'élément feu est en rapport avec les sens de la vision. Les hommes des signes de terre (Taureau, Vierge, et Capricorne) éprouvent, à l'inverse, plus de difficultés à visualiser. Ils réagissent beaucoup mieux à l'aromathérapie parce que l'élément terre est en rapport avec le sens de l'odorat. Il y a donc, pour chaque être humain, des secteurs où il se sent plus à l'aise que d'autres, alors qu'il doit d'abord se familiariser avec certains autres. « Mère Nature » l'a fait ainsi et c'est sans doute bien comme ça !

Tous les éléments nécessaires à la visualisation se trouvent déjà en nous. Nous n'avons besoin a priori d'aucune aide extérieure et elle ne doit prendre que peu de temps. Nos chakras réagissent rapidement aux images intérieures et la visualisation des couleurs nous donne une formidable possibilité de développer l'efficacité d'agir positivement sur eux.

Pour mener à bien cette color-méditation sur les chakras, asseyons-nous confortablement, le dos droit pour que la colonne vertébrale soit aussi raide que possible (on peut également méditer debout ou allongé), et fermons les yeux pour trouver le calme intérieur. Notre respiration est calme et régulière. Dès qu'une pensée monte en nous, nous la laissons passer sans y prêter aucun intérêt. Nous nous accordons quelques minutes de silence. Nous devenons de plus en plus calme et nous nous abandonons totalement à ce sentiment de calme et de paix intérieurs.

Nous dirigeons ensuite notre attention vers le premier chakra qui s'ouvre vers le bas, au fond du bassin. Nous y visualisons une petite étincelle rouge qui devient de plus en plus grande pour éclater finalement en une boule de lumière rouge étincelante. Ce développement prend une minute au plus ; mais le temps est tout à fait secondaire, ce n'est que l'image qui compte – et plus longtemps nous arrivons à garder cette image, plus fort est l'impact de cet exercice. Au cas où l'image mentale semblerait vous échapper, re-visualisez-la tout simplement avec votre «œil mental» – faites cela comme un jeu, sans oppression et sans contrainte. Certes, il s'agit d'un jeu un peu particulier ! Il s'agit du jeu avec les forces primordiales du cosmos, avec les lois de la manifestation.

Par la même occasion, observez donc en même temps vos propres limites intérieures. Normalement, vous devez percevoir le moment où vous devez vous arrêter. Deux à trois minutes de visualisation sont en général largement suffisantes. Nous ne désirons pas surcharger nos chakras, mais les activer harmonieusement. Après avoir visualisé cette boule de feu aussi clairement que possible pendant quelques instants et au bon endroit, orientez doucement et lentement votre attention vers le deuxième chakra. Il se trouve une largeur de main au-dessous du nombril. Ici, commencez également avec une impulsion colorée, mais cette fois d'un bel orange. Ce point lumineux devient également de plus en plus, précis, grand et clair. Encore une fois, essayez de visualiser clairement cette belle boule lumineuse de couleur, en essayant de garder cette image aussi longtemps que possible. Tout cela doit se faire sans aucun effort, car plus les choses se font naturellement, mieux c'est. Plus votre image mentale est claire et précise, plus l'exercice est efficace. Dès que vous trouvez la stimulation de ce chakra suffisante, vous passez lentement au centre suivant, le chakra du plexus solaire, qui se trouve deux doigts au-dessus du nombril. Désormais, la boule de couleur va rayonner d'une lumière jaune d'or.

Après quelques minutes, passez doucement et sans effort au chakra du cœur. Là, la boule lumineuse devient bicolore : l'intérieur est rose et le bord vert. Visualisez ces couleurs très nettement et réjouissez-vous quelques instants de leur beauté jusqu'à ce que vous ressentiez en vous une satisfaction certaine vous indiquant que vous pouvez continuer votre chemin vers les autres chakras.

Un peu plus haut, arrivé au chakra de la gorge, vous visualisez une autre boule lumineuse, cette fois d'un bleu clair magnifique. Ne vous sentez jamais pressé; avancez à votre propre rythme intérieur, mais n'exagérez pas non plus, parce que vous devez toujours vous sentir à l'aise pendant ces exercices.

Notre voyage chromatique à travers les chakras continue – nous nous trouvons actuellement au-dessus du nez, au niveau du front. Là-aussi, nous commençons par une petite impulsion colorée, cette fois d'un bleu foncé indigo, qui se transforme également en une belle boule lumineuse. Nous essayons de la fixer de façon nette devant notre œil mental; à cet instant ne compte plus pour nous que cette boule de couleur bleue indigo.

Et pour terminer : le chakra coronal tout en violet et en or, le «couronnement» de notre exercice. Nous visualisons alors notre point de couleur au sommet de la tête et cette petite étincelle de lumière se transforme de plus en plus en une lumière violette ornée de rayons dorés. Cette lumière est peut-être encore plus étincelante que toutes les autres. Quelle merveilleuse sensation exaltante d'être couronné par ces rayons de lumière! Ensuite, nous laissons pénétrer les rayons de cette lumière dans l'espace, jusqu'à ce qu'ils s'y perdent...

Nous avons ainsi permis à chacun de nos sept chakras de rayonner à tour de rôle; restons encore quelques minutes en silence avant d'ouvrir les yeux. Cette méditation a duré environ 20 minutes.

Vous êtes calme et équilibré maintenant, mais en même temps débordant de force intérieure et de joie de vivre; vous êtes ouvert et malgré tout bien protégé. Votre mental a ouvert et équilibré vos centres énergétiques par la visualisation de la vibration chromatique. Vous êtes donc maître de votre corps, y compris de votre corps subtil : c'est la conclusion de l'expérience que vous venez de faire.

En écrivant ces lignes, nous avons également visualisé nos chakras et nous les avons ainsi automatiquement stimulés et harmonisés. Nous sommes pris dans une sensation comparable à celle observée après de brèves vacances – alors qu'il ne nous a fallu que quelques minutes. Nous vous sommes par conséquent doublement reconnaissant d'avoir pu vous expliquer cette méditation. Il s'agit en effet d'une des possibilités les plus étonnantes pour s'auto-guérir et pour harmoniser le corps, l'esprit et l'âme. En général, c'est plus simple que d'aller à la pharmacie et c'est un chemin naturel que vous pouvez prendre deux fois par jour sans problème. Évidemment, vous pouvez combiner cette visualisation des couleurs avec d'autres thérapies des chakras comme la musicothérapie, l'aromathérapie, des exercices respiratoires etc.

Ne vous arrêtez pas à la compréhension intellectuelle, qui ne vous apporte que très peu. Ce n'est que l'expérience, que le véritable vécu intérieur qui peut vous transporter plus loin, et cela de manière simple et merveilleuse.

Notre pouvoir se trouve dans l'Ici et Maintenant, dans notre conscience. Allez-y! Cela vaut la peine!

La thérapie par les pierres

Toutes les grandes civilisations connues ont toujours apprécié les pierres précieuses, non seulement pour leur beauté, mais surtout pour leur puissance de guérison et d'harmonisation. Ces pierres auxquelles il a été donné de se former pendant des millions d'années au sein de la terre, ont parcouru, dans l'obscurité totale, un processus de purification et d'épuration, jusqu'au moment où l'homme les a découvertes dans leur forme parfaite pour les sortir à la lumière du jour.

Les pierres précieuses se prêtent tout particulièrement bien à la thérapie des chakras. Formées d'éléments de notre planète-mère, elles nous relient à la force protectrice, fortifiante et nourrissière de la terre.

Dans leur beauté rayonnante, elles portent la lumière et les couleurs dans leurs aspects les plus purs et les plus naturels et elles transmettent des énergies et des qualités cosmiques. Elles attirent les forces du ciel et de la terre, les canalisent et les font rayonner à travers le monde. De plus, grâce à leurs structures cristallines, elles contiennent des principes d'ordre qui nous relient à l'ordre cosmique et qui ont un effet harmonisateur sur le corps et sur l'âme.

Si vous portez une pierre précieuse ou si vous la posez sur vous, vous créez aussitôt en vous une fine résonance vibratoire. Les forces et les qualités universelles qui en vous sont bloquées, ensevelies, ou déformées, réagissent à la vibration des pierres précieuses. Ces forces sont donc éveillées et animées dans leur forme initiale.

Pour suivre une thérapie des chakras, il faut utiliser des pierres précieuses de qualité. Plus les pierres sont transparentes et leur structure pure, plus claire et pure est l'énergie qu'elles diffusent et qu'elles stimulent en vous.

Avant application, il faut bien nettoyer les pierres précieuses, parce que celles-ci vous transmettent leur énergie mais captent aussi les éléments nocifs issus de votre corps ou bien les vibrations négatives de votre corps éthérique ou encore de votre environnement. C'est ainsi qu'elles vous purifient et vous protègent. Certaines se décolorent ou se fissurent lors de ce processus. Dans ce cas, il vaut mieux ne plus les réutiliser. Vous pouvez les rendre à la terre en les enterrant. Mais après un certain laps de temps, ayez la curiosité d'aller voir si les pierres se sont régénérées et si elles ont retrouvé leurs couleurs et leur transparence initiale.

Pour nettoyer «énergétiquement» les pierres précieuses, vous pouvez utiliser l'eau et le sel de mer. Pour un nettoyage bref il suffit de passer les pierres pendant une à deux minutes sous l'eau courante puis de les sécher ensuite avec un tissu propre en fibres naturelles. Les vibrations purificatrices de l'eau enlèvent les charges négatives des pierres.

Comment purifier et activer les différents chakras

Pour un nettoyage plus approfondi, il faut laisser les pierres pendant quelques heures dans l'eau courante. Un ruisseau d'eau limpide et naturelle s'y prête merveilleusement bien, mais vous pouvez utiliser plus prosaïquement l'eau du robinet.

Une autre méthode consiste à laisser les pierres précieuses pendant une nuit dans l'eau enrichie de sel de mer ou dans du sel de mer sec. Il faut qu'elles soient complètement entourées de sel. Après quoi, on ne peut plus réutiliser ce sel, la meilleure solution est de le donner ensuite à la force purificatrice de la terre. Après le nettoyage, vous pouvez recharger les énergies de ces pierres en les mettant pendant plusieurs heures au soleil.

Dans le cas d'une utilisation fréquente des pierres précieuses, il est conseillé de renouveler de temps à autre leur purification et leur recharge. Vous ressentirez vous-même qu'elles nécessitent un tel traitement. En cas de traitement d'une maladie, il est important de les passer brièvement sous l'eau courante après chaque application.

Si vous achetez des pierres précieuses ou si on vous en fait cadeau, n'oubliez pas qu'elles ont déjà – peut-être – fait un long voyage au cours duquel elles ont capté des vibrations étrangères. C'est pour cette raison qu'il est recommandé de nettoyer consciencieusement ces pierres avant la première utilisation et de les recharger, si possible, à la lumière du soleil. Ensuite, elles sont à nouveau prêtes à vous transmettre au mieux leurs énergies.

Nous avons signalé, dans les différents chapitres sur les chakras, que plusieurs pierres précieuses correspondaient à un chakra déterminé. Si vous voulez vous essayer à la lithothérapie, choisissez la pierre dont vous croyez les qualités spécifiques particulièrement utiles pour vous. Vous pouvez également suivre tout simplement votre intuition et choisir une pierre qui vous attire parce que, sans aucun doute, vous n'êtes pas forcément conscient de l'énergie qui vous manque à ce moment précis. Évidemment, vous pouvez prendre aussi des pierres qui ne sont pas décrites dans cet ouvrage.

Prenez soin de ne pas être dérangé pendant une demie heure environ ; choisissez un endroit où vous pouvez vous allonger convenablement. (Vous pouvez compléter la lithothérapie par des parfums et par des sons suivant les indications que nous avons données dans les différents chapitres de ce livre.) Mettez-vous sur le dos et allongez vos jambes parallèlement.

Posez ensuite les pierres précieuses sur vos différents chakras. Vous obtiendrez le meilleur résultat en les posant directement à même la peau nue. La pierre pour le chakra-racine peut être mise directement entre vos jambes ou sur le périnée. La pierre que vous aurez choisie pour le chakra sacré, aura sa place à la limite de la toison pubienne.

Ensuite, vous placerez la pierre destinée au centre du plexus solaire à deux doigts au-dessus du nombril. La pierre précieuse pour le chakra cardiaque aura sa place au milieu de la poitrine, à hauteur du cœur. Si vous voulez, vous pouvez y mettre une pierre verte et une pierre rose. Pour le chakra de la gorge, vous pouvez également utiliser, si vous le sentez bien, deux pierres. Posez la première dans le petit creux en dessous de la pomme d'Adam et la deuxième dans la nuque. La pierre pour le Troisième Œil se trouvera au-dessus de la racine du nez entre les sourcils. Pour terminer, posez la pierre précieuse sur le chakra coronal directement au-dessus de votre tête. Si la pierre a une pointe naturelle, celle-ci devrait être orientée vers la tête.

Dès que chaque pierre précieuse se trouve à la bonne place, détendez vos bras le long du corps, fermez les yeux et regardez en vous le mouvement des énergies. Les pierres précieuses agissent d'elles-mêmes. Il n'est pas nécessaire de soutenir leur effet par des visualisations, des affirmations ou de quelconques actions similaires. Relâchez toute votre attention et vos idées et faites-vous confiance de telle sorte que tout ce qui se présente à vous comme expériences, images ou émotions, soient authentiques et nécessaires pour vous gui-

Comment purifier et activer les différents chakras

der vers un bien-être intérieur. Évitez d'analyser et de juger vos expériences pendant la lithothérapie. Le pouvoir des pierres précieuses éveille en vous la force naturelle d'auto-guérison et cette force sait comment vous ramener vers votre intégrité. Faites confiance à ce guide et acceptez les réactions de guérison, les processus de purification et ceux des prises de conscience déclenchées en vous. Ne refoulez, ne supprimez aucune de vos émotions, mais ne les forcez pas non plus. Votre mental limité et analytique ne peut pas faire mieux que la force naturelle de guérison qui se profile en vous. Cette dernière trouvera toujours le meilleur chemin.

Lorsque vous avez l'impression qu'un certain chakra a tout particulièrement besoin d'énergie ou de purification et d'harmonisation en profondeur, vous pouvez renforcer l'effet de la pierre précieuse concernée en rajoutant des cristaux de roche. Posez quelques cristaux autour de la pierre précieuse ; leurs pointes devant être orientées vers la pierre.

Pour intensifier encore davantage cette application, il faut prendre deux pointes de cristal de roche dans vos deux mains pour inclure ainsi les chakras de la main dans la lithothérapie. La pointe du cristal de la main droite doit être orientée vers l'extérieur, celle de la main gauche doit pointer vers le corps : ainsi se créé un courant énergétique permanent, parce que la main droite émet des rayons que la main gauche capte.

Vous pouvez rendre cette merveilleuse expérience encore plus profonde et plus intense en rajoutant au minimum six pointes de cristal de roche et quelques baguettes de tourmaline noire. La tourmaline noire agit comme un paratonnerre pour les énergies négatives. Mettez les cristaux de roche autour de votre corps, pointez vers vous – le premier environ 10 cm au-dessus de votre tête, un ou deux sous vos pieds et les autres à droite et à gauche de votre corps –. Posez ensuite les baguettes de tourmaline entre les pointes de cristal de roche. Si elles ont une terminaison naturelle, celle-ci doit être à l'opposé de votre corps.

Vous voilà à présent entouré d'un cercle de lumière

formé de rayons de cristal de roche ; il vous protège contre les vibrations négatives de votre environnement et les absorbe également à travers votre propre aura. Être allongé au milieu d'un tel anneau de lumière protecteur, stimule et purifie. C'est une expérience merveilleuse et profonde ; son vécu peut être très intense – il est donc conseillé de ne pas pratiquer trop souvent cette forme de litho-thérapie.

Une autre méthode consiste à n'utiliser que des cristaux de roche pour tous les chakras. Le cristal de roche, avec sa lumière d'une blancheur pure, contient le potentiel énergétique des sept couleurs du spectre réunies. Chaque rayon de couleur correspond à un chakra. Le cristal de roche est donc capable de stimuler tous les chakras et d'harmoniser la totalité du système énergétique.

Vous pouvez poser des cristaux de roche, les pointes tournées vers votre cœur. Mettez deux cristaux sur le chakra du cœur, dont une pointe orientée vers la tête et l'autre dans le sens opposé. Ainsi toutes les énergies circulent vers le centre du système des chakras, le cœur, pour rayonner ensuite en partant de là. Cette façon de poser les cristaux est une proposition que nous vous faisons ! Mais tous les autres systèmes sont aussi valables, pourvu que vous les ressentiez bien ; vous pouvez également utiliser des cristaux de roche polis ou taillés.

En général, la thérapie par les pierres ne doit pas dépasser 20 minutes. Quelquefois, cinq minutes suffiseat. Une fois les pierres enlevées, restez allongé quelques minutes, les yeux fermés, et laissez encore vibrer toutes ces expériences en vous. Vous pouvez évidemment inclure les vibrations des pierres précieuses dans votre vie quotidienne en les portant comme des bijoux ou dans votre poche. Sélectionnez une ou plusieurs pierres dont les qualités vous attirent particulièrement. Il arrive que telle pierre précieuse devienne votre compagnon permanent. Vous pouvez aussi poser une ou plusieurs pierres en des lieux où vous vous tenez fréquemment.

Nous avons déjà parlé de la lampe de colorthérapie, dont les rayons traversent des pierres précieuses. Le même chercheur Joachim Roller a également développé, pour chaque chakra, un baume de pierres précieuses contenant de la poudre de pierres véritables. Il faut appliquer ce baume au niveau de chaque chakra pour sa guérison, sa stimulation et sa protection.

Pour terminer ce chapitre, quelques conseils fondamentaux, en rapport avec les pierres précieuses : le corps extérieur des pierres précieuses est porté par une entité intérieure; chaque fois que vous vous adressez à une entité avec une attention bienveillante, vous vous ouvrez aux dons qu'elle peut vous offrir. Ceci est valable aussi bien pour les hommes que pour les animaux, pour les entités du monde végétal comme pour celles du monde minéral. Traitez donc les pierres avec amour et avec respect, remerciez-les pour le service rendu et gardez-les à un endroit où elles pourront toujours réjouir vos yeux et votre cœur.

La thérapie par les arômes

Toutes les plantes, tous les animaux et tous les hommes possèdent leur odeur spécifique, même si celle-ci n'est pas toujours très facile à percevoir ou à différencier. Leur odeur exprime leur personnalité, leurs caractéristiques propres, mais aussi leur état de santé. Des odeurs agréables sont toujours associées au bien-être, à l'harmonie et à la vivacité. Un nouveau-né en bonne santé dégage une odeur très subtile d'une merveilleuse douceur rappelant celle de pêches bien mûres. On peut constater des effets similaires chez des personnes ayant complètement purifié leur corps par des jeûnes fréquents, par une alimentation saine et par la méditation.

Dès que nous sentons une odeur agréable, nous respirons automatiquement plus profondément, nous remplissons nos poumons de ce souffle odorant et vivifiant, et nous nous sentons stimulés et dynamisés. Si à l'inverse l'odeur est abominable, nous retenons notre souffle. Ce que nous ressentons comme agréable ou désagréable, dépend de notre évolution, et aussi de notre façon de vivre. Un fumeur, par exemple, peut aimer « l'odeur » d'une cigarette, même si celle-ci est nocive.

Dans les temps anciens, les lieux sacrés, les rois, les empereurs et les prêtres étaient toujours entourés de parfums agréables. L'encensement, sans doute la plus ancienne forme d'aromathérapie, était notamment utilisé pour protéger de la peste et autres maladies. On utilisait des odeurs aromatiques pour chasser les mauvais esprits, pour invoquer les Dieux et pour harmoniser l'homme avec les sphères célestes. Les Grecs, les Égyptiens, les Babyloniens, les Indiens et les Chinois, pour ne nommer qu'eux, se servaient des essences aromatiques pour corriger l'équilibre de l'homme, pour harmoniser ses énergies, pour guérir ou prévenir aussi les maladies, pour purifier, dynamiser et détendre.

Aujourd'hui, c'est la naturopathie qui a redécouvert l'aromathérapie, comme d'autres thérapies naturelles d'ailleurs.

Les entités des plantes – chacune porteuse de son propre message – mettent à la disposition de l'homme leurs couleurs, leurs composants et leurs odeurs et contribuent ainsi à lui donner davantage d'harmonie, de santé, de joie de vivre, et une plus grande prise de conscience pour les temps futurs. En pénétrant par leurs racines au fond de la terre et en élevant leurs feuilles et leurs fleurs vers la lumière, les plantes reçoivent les énergies célestes pour se nourrir; elles les transforment en beauté, en couleurs et en parfums qu'elles cherchent à nous transmettre. Les huiles essentielles sont en définitive des plantes aromatiques, dont la pureté authentique fut concentrée pour se répandre généreusement au moment opportun. Leur âme odorante fusionne avec les forces de la nôtre et déclenche en nous des processus de changement.

Peut-être avez-vous déjà constaté que l'atmosphère d'une pièce change au moment où l'odeur d'un bâtonnet d'encens ou d'un diffuseur d'arômes se répand? Dans ce «climat» changé, nous nous sentons plus léger, plus détendu; notre mental s'éclaircit et notre capacité de perception augmente. On a l'impression que cette substance fine, légère et éthérique rappelle à notre âme qu'elle est dotée d'ailes, que la lourdeur et l'obscurité des problèmes oppressants ne font pas partie de son être, qu'elle est libre et qu'elle peut s'élever par delà les limites du temps et de l'espace. Grâce à l'influence des essences odorantes, nous pouvons réellement laisser derrière nous certains événements, ou les saisir plus objectivement, c'est-à-dire plutôt dans leur perspective réelle. Un subtil sentiment de joie peut s'élever en nous, notre perception s'ouvrir aux dimensions inhabituelles d'un vécu plus subtil et d'une conception du temps élargie.

Des recherches récentes ont démontré que les odeurs déclenchent les sensations les plus fortes et que les essences odorantes agissent sur notre état d'âme.

Aucun autre sens n'est autant lié aux informations stockées dans l'inconscient que l'odorat. Vous connaissez sans doute le phénomène des souvenirs anciens, oubliés depuis longtemps, qui remontent en nous avec leurs images, leurs sentiments et toute cette ambiance d'un instant oublié, au moment où nous rencontrons une odeur qui accompagnait cet événement du passé. Ce sont en général des expériences agréables qui se trouvent ainsi rappelées dans notre mémoire. Ces substances volatiles agissent donc sur un plan fondamental de notre Être, qui se trouve encore au-delà de nos blocages et de nos expériences refoulées; ce plan correspond à un élément de notre âme où nous sommes très proches de l'Essence pure, comme dans les moments d'immense joie de vivre qui nous sont souvent rappelés grâce au medium des parfums. Les huiles éthériques sont capables de nous guider vers les plans du bien-être et de dissoudre en nous les obstacles barrant notre chemin.

Les subtiles et éthériques forces de l'âme des plantes touchent le corps énergétique subtil de l'homme; ce plan est le siège des chakras, où les plantes développent leurs actions harmonisantes et bénéfiques.

Pour faire une aromathérapie des chakras, il faut évidemment n'utiliser que des essences de plantes pures. Toutes les senteurs artificielles sont dépourvues de cette force vivante de la plante ainsi que de la multiplicité complexe des agents actifs ne pouvant naître que dans le jardin de Mère Nature. Ce monde de la force naturelle des odeurs reste fermé au consommateur des parfums modernes et synthétiques.

les huiles essentielles sont des matières naturelles et organiques; leurs effets sont donc en harmonie avec les besoins du corps et de l'âme. Elles ont souvent une action normalisante, c'est-à-dire qu'elles ont tendance à favoriser un état général en bonne santé et en parfaite harmonie.

Il faut tout d'abord sentir un parfum, parce que c'est le seul moyen pour qu'il développe pleinement ses effets. Mais ces derniers ne sont pas seulement transmis par les molécules des odeurs inspirées. Un parfum émet en même temps des vibrations ayant une influence directe autre que celle qui passent par les narines. Les chercheurs ont ainsi pu observer qu'un paon-de-jour femelle attirait des douzaines de papillons mâles se trouvant à une distance de plusieurs kilomètres, bien que ceux-ci volent dans le sens du vent où l'odeur ne peut nullement les atteindre. Ce phénomène des vibrations peut aussi expliquer pourquoi les huiles odorantes agissent également en traversant la peau.

Pour activer les chakras par des huiles essentielles, nous utilisons deux méthodes de transmission. Les effets de chaque huile ainsi que leur correspondance avec les chakras sont décrits dans le chapitre sur les différents chakras. La liste des huiles essentielles qui y est donnée, n'est pas limitative et les équivalences que nous y donnons, ne sont que des conseils. Par exemple, les huiles très odorantes et sucrées des fleurs ont un effet harmonisant sur le chakra sacré, même si nous les conseillons également pour d'autres chakras. La lavande permet de calmer le chakra frontal, le romarin stimule le chakra-racine etc. En dehors de nos conseils, suivez surtout votre intuition et... votre nez.

L'aromathérapie peut très bien venir en complément de la visualisation des couleurs, ou de toute autre thérapie par les sons et même de la lithothérapie. Mais la meilleure combinaison réside dans l'aromathérapie ajoutée à la thérapie respiratoire décrite un peu plus loin. Dans cette technique, le souffle sert de médiateur dans l'échange énergétique entre les essences et les chakras; elle consiste à inspirer profondément en vous les vibrations des huiles essentielles.

Si vous désirez mettre des huiles essentielles directement sur votre peau, il faut les mélanger à raison de 10 % associées à une huile végétale (huile de sésame, d'amande douce etc.); sinon, vous pouvez appliquer deux gouttes d'essence pure sur un tampon d'ouate que vous posez ensuite sur le chakra concerné. De préférence, préparez ces tampons pour tous les chakras et posez-les à côté de vous. Comme toujours, vous commencerez le travail thérapeutique par le chakra de base. N'appliquez l'essence suivante qu'au moment où votre conscience passe, quelques minutes après, au chakra suivant. Si vous voulez vous essayer à d'autres formes thérapeutiques, sans utiliser en même temps l'aromathérapie, vous pouvez faire brûler des bâtonnets d'encens ou utiliser un diffuseur d'arômes pour avoir une ambiance odorante. Choisissez dans ce cas des parfums à votre goût.

Laissez-vous élever et transporter vers des sphères de nouvelles expériences par ces senteurs si agréables.

Formes de yoga

Quand on parle en Occident de Yoga, on s'imagine toujours certains exercices physiques souvent bien compliqués. Mais cela n'est qu'*une* forme de Yoga. Le sens propre du Yoga va beaucoup plus loin. Yoga signifie «joug» dans le sens de se mettre sous le joug du

Divin pour pouvoir devenir UN avec lui. Toute voie poursuivant ce même but peut être considéré comme un Yoga, et on peut prendre ce chemin sur des plans très différents. Ainsi la plupart des formes de méditation font-elles partie de cet ensemble de Yoga.

Dans les chapitres sur les chakras, nous avons donné des équivalences entre chaque centre énergétique et la forme de Yoga correspondante. Ces différentes formes de Yoga stimulent tout particulièrement les chakras en les préparant au but suprême de l'union commune à toutes formes de Yoga.

Si vous souhaitez pratiquer telle ou telle forme de Yoga ou de méditation, les équivalences données peuvent vous orienter dans votre choix quant à la méthode. Mais dans le cadre de ce livre il est impossible de traiter dans leur ensemble les différentes possibilités. Pour obtenir les meilleurs résultats, nous conseillons d'apprendre les différentes sortes de Yoga indiquées avec un professeur qualifié. Toutes ces techniques vous offrent la possibilité d'intervenir de façon tout fait efficace dans la purification et l'harmonisation de vos chakras.

CHAKRAS ET RESPIRATION

Peut-être avez-vous déjà pris conscience que votre respiration vous relie avec tout ce qui vous entoure. Tous les hommes, tous les animaux et toutes les plantes sans exception respirent finalement le même air et chacun inspire ce qu'un autre a expiré et vice-versa. Le souffle ne nous relie pas simplement avec l'extérieur, il établit également un contact et un échange permanent avec notre intérieur. Le souffle pénètre jusque dans la plus petite cellule et apporte au corps sa force vitale.

En sanscrit existe le terme de « prana » qui peut se traduire, dans notre langue, par « souffle », « fluide vital », mais aussi par « énergie cosmique ou universelle ». Ces différentes traductions ne font que refléter les différents aspects de notre souffle. En effet, la respiration nous relie à la force vitale énergétique pénétrant partout et sans laquelle aucune création formelle connue ne serait possible. Nous prenons alors conscience de l'importance de notre souffle lequel se révèle être quelque chose d'universellement grand, bien que d'une banalité quotidienne.

Rien d'étonnant à ce que toutes les traditions hautement spirituelles aient accordé une place importante au souffle et qu'elles aient par-là même développé des techniques respiratoires dans le but d'élargir la conscience. Dans les civilisations orientales, la respiration a toujours représenté bien davantage qu'une simple « inspiration de l'air ». Bien que dans le monde entier la substance que les gens inspirent soit exactement identique, la conscience que nous avons de cette inspiration est un facteur déterminant. La respiration consciente réalisée suivant un certain modèle, augmente visiblement les facteurs d'harmonisation et de guérison de l'énergie vitale contenue dans l'air inspiré ;

nous disons même que, grâce à notre conscience, nous pouvons rendre accessibles et utilisables certaines fréquences énergétiques contenues dans l'air. Des techniques respiratoires spécifiques avec moulte détails ont été développées dans le but d'être utilisées et particulièrement appréciées dans presque tous les cercles spirituels et thérapeutiques.

En orientant notre conscience vers notre respiration, nous pouvons nous faire beaucoup de bien. L'influence de la respiration sur les chakras remonte également à une longue tradition et les techniques spécifiques la concernant ne manquent pas. Nous vous présentons ici une technique respiratoire, par les chakras assez simple et pratique mais très efficace, et que chacun peut mettre en application chez lui.

Asseyons-nous confortablement, le dos aussi droit que possible, ou autrement, allongeons-nous sur le dos. Après quelques instants de silence, respirons calmement et régulièrement, de préférence par le nez. Ensuite, imaginons que l'air entre, lors de l'inspiration, dans nos chakras, et en ressort lors de l'expiration. Nous commençons par le chakra-racine en focalisant notre attention sur ce chakra et en respirant, mentalement, par ce chakra de manière douce et calme. Nous laissons pénétrer le prâna vivifiant en nous par les chakras et nous le laissons ressortir aussi calmement. Cet exercice dure environ 3 à 5 minutes, avant de passer au centre suivant : le chakra sacré, que nous remplissons d'air de la même façon. Nous passons ainsi les uns après les autres par tous les chakras en y restant à chaque fois de 3 à 5 minutes, jusqu'à ce que nous soyons arrivés au centre coronal. Il est important pour notre conscience de toujours se fixer sur le chakra que nous sommes en train d'insuffler.

Presque toutes les personnes qui ont fait ce simple exercice se sentent, après cela, gorgées d'énergie, harmonieuses et équilibrées. Certaines ont été vraiment enthousiasmées par l'effet si convainquant de cette technique au point de déclarer après l'avoir essayée : « Je me sens comme un nouveau né », « Je suis un homme nouveau » ou « Je me sens véritablement rajeuni ». Certaines personnes ont eu l'impression d'avoir trouvé enfin leur centre, d'autres se sont tout simplement senties calmes et détendues.

Il est en effet merveilleux de constater jusqu'où peut conduire un exercice aussi simple que celui-là ! Nous nous trouvons alors réellement en présence d'une source de joie, de paix, de force et d'amour. Cette thérapie est particulièrement conseillée aux personnes dépressives et à celles qui se sentent dépourvues d'énergie, qui se sentent « vides ». Grâce à cette chakra-respiration, notre système énergétique se recharge en forces structurées.

La combinaison d'une telle technique respiratoire avec la vibration des pierres précieuses, des parfums, des sons et des couleurs ouvre encore bien d'autres possibilités. Vous pouvez utiliser ces moyens comme cela est décrit dans les différents chapitres de ce livre. Cette double thérapie est particulièrement efficace. Essayez !

Certains d'entre vous ont sans doute déjà entendu parler de « prânâyâma ». « Prânâyâma » est également un mot sanscrit qui signifie « discipline du prâna ». Il s'agit d'une méthode respiratoire qui stimule également les chakras et équilibre leur potentiel énergétique. Nous conseillons cependant d'apprendre les techniques du prânâyâma avec un professeur.

Quelle que soit la manière dont nous prenons conscience de notre souffle – le résultat vaut toujours bien quelques efforts !

CHAKRAS ET MASSAGE DES ZONES RÉFLEXES

Certains d'entre nous savent déjà que chaque partie de notre corps et chaque organe correspondent à des zones réflexes. La zone réflexe la plus connue se trouvant sur les plantes de pieds, sur lesquelles tout l'organisme est reflété, par petites zones. Les zones réflexes sont en relation-réflexe directe avec les organes concernés ; la surcharge ou la fatigue de l'un de ces organes est également visible au niveau de la zone réflexe des pieds. (Des zones réflexes similaires existent aussi dans les mains, le visage, les oreilles, les yeux, le nez, sur la tête et dans le dos.) Or, le schéma des zones réflexes des pieds est non seulement le système le plus connu, mais également l'un des plus simples comprenant les zones les plus clairement déterminées.

La thérapie habituelle des zones réflexes des pieds consiste en un massage spécifique de certains points de la plante des pieds. – Un grand nombre de publications traitant de ce type de massage nous estimons qu'il est superflu d'en parler ici en détail.

Moins connu, en revanche, le fait que chacun des sept chakras a une « zone d'équivalence » dans les pieds, nous offrant la possibilité d'appliquer notre thérapie aux chakras à partir des pieds.

Nous étions nous-mêmes d'abord très étonnés de découvrir cette possibilité simple et efficace pour harmoniser les chakras par le massage réflexe. Nous arrivons par quelques manipulations bien précises, à modifier sensiblement la situation énergétique des chakras. Vous pouvez vous-même appliquer cette thérapie mais elle est plus efficace et surtout plus agréable si une tierce personne vous fait le massage. Un traitement réciproque, nous semble idéal.

Ce qui nous manquait surtout, était une technique

de massage suffisamment adaptée aux chakras; nous avons donc testé en compagnie de plusieurs groupes les différentes techniques et leur efficacité. Or, Bodo pratique les zones réflexes depuis dix ans et connait pratiquement toutes les techniques de massages qu'il applique depuis de longues années.

A en juger par nos expériences, nous obtenons les meilleurs résultats grâce à un massage léger, tout en douceur, en effectuant des mouvements circulaires sur les différentes zones des chakras. Contrairement à la thérapie des zones réflexes, l'utilisation d'un lubrifiant comme par exemple une crème adoucissante, est conseillée.

Nous commençons par la zone réflexe du premier chakra; un massage de 2 à 3 minutes nous semble suffisant pour chaque zone réflexe de chaque chakra. Il ne faut pas oublier non plus que la thérapie des chakras ne s'adresse pas tant « à la matière », qu'à un plan plutôt énergétique. Aucun effort normalement nécessaire à l'application de la thérapie des zones réflexes n'est utile ici. Il faut simplement rester en contact léger

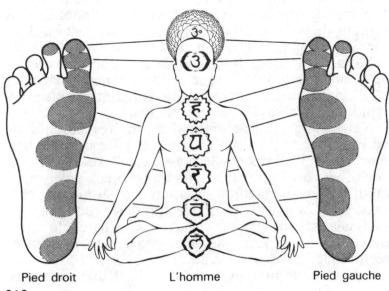

Pied droit   L'homme   Pied gauche

Chakras et massage des zones réflexes

avec le corps et exercer une pression très douce. La meilleure position est celle où la personne traitée tend ses pieds à celui qui les traite ; le patient peut rester assis mais sera, de préférence couché. Le masseur est assis à côté de ses pieds afin de pouvoir bien les saisir sans le moindre effort. Nous avons obtenu les meilleurs résultats en massant doucement d'une main en un mouvement circulaire, la zone décrite par un chakra sur le dos du pied, et de l'autre, la même zone du chakra située sous le pied. On peut masser avec un, deux ou trois doigts selon la nécessité de la zone concernée.

Nous n'avons nullement l'intention de vous obliger à une quelconque forme de traitement en particulier. Il est seulement important que le masseur puisse masser, pendant 2 à 3 minutes, doucement, en mouvements circulaires, les zones des chakras au niveau des pieds ; et, si cela lui paraît possible, de traiter en même temps

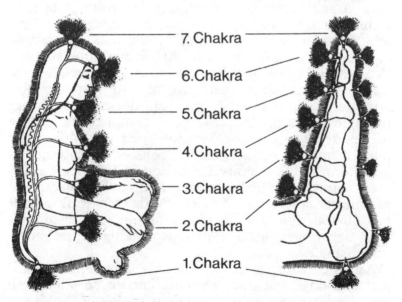

La position des chakras sur les zones réflexes des pieds et leur équivalence au niveau du corps selon le principe : « Tel qu'est le haut, est aussi le bas. »

le dessus et le dessous du pied. Le chakra massé sur le pied droit doit également être traité sur le pied gauche, parce que les zones réflexes s'étendent sur les deux pieds. Il faut de cette façon travailler successivement les sept chakras. Le thérapeute doit utiliser ses doigts de telle manière que ses gestes lui soient agréables et lui paraissent bien adaptés. Il doit toujours concentrer son attention sur le chakra qu'il est en train de traiter. Le patient doit se mettre autant que possible dans un état de «calme passif» ou fixer son attention sur le chakra qui est en train d'être massé.

Dans nos groupes expérimentaux, nous avons observé les meilleurs résultats thérapeutiques lorsque la rotation du massage circulaire des zones réflexes était adaptée au sens de la rotation du chakra concerné : ainsi chez l'homme, le premier chakra a une rotation vers la droite, le deuxième vers la gauche, le troisième encore vers la droite etc. A l'inverse, chez la femme, le premier chakra a une rotation orientée vers la gauche, le deuxième vers la droite et le troisième encore vers la gauche etc. Il semblerait qu'une telle adéquation du sens rotatif et du massage stimule et équilibre au maximum le flux énergétique naturel. Pendant le traitement ou après celui-ci, peuvent se manifester certaines réactions qui sont tout à fait typiques des processus de guérison déclenchés par des thérapies naturopathiques ; par exemple, des phénomènes de légères désintoxications peuvent apparaître ; mais attention de ne pas les considérer comme les symptômes d'une nouvelle maladie. On peut également vivre une libération émotionnelle pouvant se manifester sous forme de rires ou de larmes. Il ne faut pas du tout refouler ces réactions qui sont en définitive un moyen auto-régulateur intelligent de notre organisme.

Après ce traitement des chakras, le «patient» doit rester allongé quelques instants encore en silence. Il peut s'avérer tout à fait révélateur d'écouter l'intérieur de son corps pendant ce temps-là et de se poser des questions du style : Y a-t-il eu des changements ? Comment est-ce que je me sens maintenant ? Suis-je équilibré ?

Selon nos propres expériences, il faudrait appliquer cette thérapie tous les deux jours ; une série de sept séances au minimum nous semble recommandée. Évidemment, ce massage des zones réflexes des chakras peut être complémentaire de toute autre méthode décrite dans ce livre, notamment la lithothérapie, la colorthérapie, l'aromathérapie et la musicothérapie. Cette thérapie des zones réflexes des chakras peut également être appliquée et donner de bons résultats sur des enfants, voire même des bébés. Plusieurs participants de nos groupes expérimentaux ont souligné l'aspect très facile de ce traitement ; mais tout le monde était étonné de la profondeur de l'impact de cette thérapie.

EXERCICES PHYSIQUES POUR LIBÉRER LES ÉNERGIES BLOQUÉES

Suivent maintenant trois exercices de contraction qui s'avèrent très efficaces pour débloquer les énergies des chakras ; nous avons appris ces exercices dans des séminaires avec Keith Sherwood, qui travaille sur l'évolution, l'harmonisation et la guérison de l'homme à partir des connaissances du Yoga indien.

Les exercices suivants provoquent une réaction immédiate, bienfaisante et équilibrante sur l'ensemble de notre organisme. Allongeons-nous, de préférence, à même le sol, ou asseyons-nous en lotus ou encore sur les talons, le dos bien droit. Fermons les yeux et laissons-nous pénétrer par un calme olympien. Notre respiration est calme et détendue. Quelques personnes comptent ensuite très lentement de dix à zéro en se laissant aller, à chaque chiffre, plus profondément encore dans la détente parfaite.

1ᵉʳ exercice : La contraction du chakra-racine

Nous expirons calmement et en essayant de rentrer l'abdomen vers l'intérieur. Commençons par serrer le sphincter de l'anus en le contractant vers l'intérieur comme si nous voulions empêcher une défécation. Ensuite contractons les organes sexuels aussi intensément que possible. Pour terminer, essayons d'amener le bas-ventre, cette partie autour du nombril, vers l'intérieur en direction de la colonne vertébrale. Ce dernier stade de l'exercice renforce les deux contractions précédentes, parce qu'il attire vers l'arrière le rectum et les organes sexuelles.

Ayant maintenant atteint un état de contraction maximale du bas-ventre, nous essayons de le maintenir pendant quelques secondes avant de le lâcher totalement et de revenir à notre position de détente initiale. Après quelques secondes de repos nous reprenons cet exercice dans ses trois étapes, et essayons de tenir bloqué tout le bassin pendant quelques secondes – puis nous le lâchons et nous détendons.

Nous faisons le même exercice une troisième fois. Ensuite nous nous accordons quelques minutes de repos en fixant notre conscience sur cette partie du corps. Cet exercice de contraction libère surtout les blocages des premier et deuxième chakras et stimule la kundalinî. La montée d'une sentation d'énergie ou de chaleur est tout à fait normale et même souhaitable.

2ᵉ exercice : Contraction du diaphragme

(Le diaphragme est un muscle très large et mince qui sépare la poitrine de l'abdomen.) Nous sommes toujours dans un état de calme et de détente intérieurs. La respiration est calme et régulière. Au moment de l'expiration, nous essayons de tirer le diaphragme vers le haut pour qu'il s'élève vers la poitrine. Les organes du haut du ventre sont en même temps poussés vers l'arrière, vers la colonne vertébrale. Essayons de maintenir cette contraction énergétique pendant quelques secondes. Nous nous décontractons ensuite durant quelques secondes en lâchant complètement tout, puis nous répétons deux fois le même exercice. Dans la période de repos qui suit, nous fixons toute notre attention sur la partie du corps concernée. En général, un picotement plus ou moins léger est ressenti à cet endroit, à moins que ce ne soit une sorte de vibration ; des gens éprouvent parfois une sensation de chaleur plus ou moins intense. Cette réaction est liée à l'énergétisation du chakra du plexus solaire. Une partie de l'énergie libérée monte alors jusqu'au centre cardiaque qui est également stimulé par cet exercice. Une sensation de satisfaction profonde nous envahit alors : nous en sortons totalement relaxés et ne sommes plus que les témoins de tout ce qui se passe en nous.

Après quelques minutes de repos profond, nous passons au troisième exercice.

3e exercice : La contraction de la nuque

Dans cet exercice, nous inspirons par le nez et nous essayons de presser ensemble, en même temps, la nuque et le menton en direction du corps. Parallèlement, nous haussons les épaules vers le haut pour que le cou se rétrécisse de plus en plus. Nous essayons de tenir cette contraction pendant quelques secondes en nous concentrant sur la nuque. Ensuite, nous nous détendons complètement en relâchant tout. Nous répétons cet exercice quelques secondes plus tard avant de nous décontracter de nouveau. Nous reproduisons cet ensemble d'exercice une troisième fois – contraction pendant quelques secondes et décontraction.

Ce troisième exercice de contraction libère les énergies bloquées au niveau du chakra de la gorge et purifie cet important canal reliant la tête au cœur. Une fois que ce courant énergétique circule librement, nous ressentons une forte chaleur dans la partie de la nuque et des épaules, jointe à une sensation de force intérieure, de sincérité et de confiance en soi. Les forces Yin et Yang se trouvent harmonisées et équilibrées par tous ces exercices.

Si vous faites ces trois exercices de contraction successivement, vous pourrez constater immédiatement une nette amélioration de votre état général. Mais nous vous conseillons de ne pas les faire trop souvent. Deux fois par jour, matin et soir, nous semble dans un premier temps, tout à fait suffisant.

Celui qui a déjà acquis une certaine expérience, peut pratiquer plusieurs fois successivement ces exercices de contraction. Mais il faut toujours faire attention à notre propre bien-être. Il ne faut jamais dépasser nos propres limites naturelles; Nous sentons clairement quand il faut nous arrêter.

Pour beaucoup, ces exercices font partie intégrante de la vie; quant à nous, nous ne mettons que quelques minutes pour les réaliser et en tirer le plus grand profit. C'est moins la connaissance de ces exercices qui nous fait avancer que leur seule pratique quotidienne.

TRANSMISSION DE L'ÉNERGIE VITALE UNIVERSELLE

L'espace qui nous entoure est rempli de pranâ, cette énergie vitale universelle. Il est donc parfaitement logique de chercher à l'utiliser en vue d'appliquer directement ces forces fondamentales très efficaces, venant du cosmos. Nous en avons déjà indiqué quelques possibilités diverses au cours du chapitre «Chakras et Respiration». Néanmoins, il existe d'autres méthodes très intéressantes pour apprendre à se servir de ces énergies cosmiques, capables de nous libérer des blocages et de permettre une évolution holistique. L'une de ces méthodes s'appelle «Reiki»[1].

Approximativement au milieu du 19ᵉ siècle, cette méthode thérapeutique naturelle ayant certains effets

---

1. REIKI, Soigner, se soigner, l'énergie vitale canalisée par vos mains, de Paula Horan. Éditions ENTRELACS (1991).

holistiques fut (re-) découverte par le Japonais Mikao Usui, qui, en tant que moine chrétien, avait parcouru de nombreux pays occidentaux et orientaux. Reiki signifie « énergie vitale universelle » ; il s'agit d'une thérapie transmettant directement aux hommes, cette énergie fondamentale de l'univers. Le thérapeute n'est qu'une sorte de catalyseur et sert de canal de passage. L'énergie cosmique se propage des mains du thérapeute au patient sans que sa propre énergie intervienne. Le Reiki est aujourd'hui l'une des méthodes thérapeutiques naturelles connaissant le plus grand succès – succès qui s'explique par le fait que le Reiki repose sur une technique extrêmement simple et d'une grande efficacité.

Même les enfants peuvent pratiquer facilement – après avoir été initiés – cette technique qui ne demande que très peu de connaissances spécifiques. Cette énergie est dotée d'une sorte « d'intelligence propre », c'est-à-dire qu'elle circule automatiquement avec l'intensité nécessaire et à l'endroit voulu.

Aujourd'hui, le Reiki est pratiqué dans le monde entier par des guérisseurs et des médecins, mais aussi par des adeptes amateurs. Dès que l'énergie Reiki fuse de vos mains, une merveilleuse occasion vous est donnée d'harmoniser profondément vos chakras ou ceux d'autrui.

Les canaux de guérison où circule cette énergie du Reiki, résident en chacun de nous ; cette énergie peut donc circuler par petite quantité à travers celui qui s'est ouvert aux énergies supérieures, et elle peut être transmise par ses mains. Si vous avez l'impression, sans être initié au Reiki, que vos mains transmettent un certain calme ou une grande détente, lisez attentivement ce qui va suivre :

L'application du Reiki aux chakras est très simple ; il suffit de poser délicatement vos mains sur vos différents centres énergétiques et d'y laisser pénétrer l'énergie du Reiki accompagnée de son pouvoir d'harmonisation et de guérison.

Chacun des sept chakras se trouve en étroite corrélation avec un autre chakra. L'énergie du Reiki passe par les deux mains ; il vous est donc possible non seulement d'apporter de l'énergie vitale aux chakras, mais d'équilibrer en même temps les centres énergétiques qui s'accordent, tout simplement en posant votre main sur chacun des deux chakras.

Un magnifique symbole démontrant clairement la correspondance des différents chakras est le candélabre à sept branches. Il s'agit d'un objet cultuel juif datant de l'époque de l'ancien testament ayant un sens symbolique très profond. D'après notre dessin, les flammes représentent les chakras.

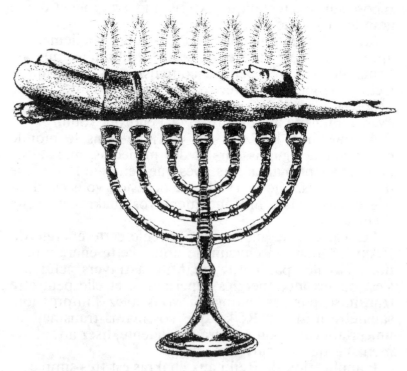

Candérable à sept branches et les chakras.

Vous pouvez constater que la flamme du milieu (chakra du cœur) entre en contact avec toutes les autres flammes (ou chakras). Ce chakra a donc bien un rôle central de médiateur. De nombreuses traditions anciennes portaient une attention toute particulière à ce centre énergétique là, et nous devrions l'inclure autant que possible dans toutes nos thérapies. Nous savons que beaucoup d'adeptes du Reiki, le soir au lit, posent leurs deux mains sur le chakra cardinal pour s'endormir dans cette position. Il s'agit d'une application du Reiki pour développer les qualités du cœur.

Grâce à notre dessin, vous pouvez déterminer les chakras ayant une relation particulièrement étroite entre eux :

le chakra-racine avec le chakra coronal,
le chakra sacré avec le chakra frontal,
le chakra solaire avec le chakra de la gorge.

Pour équilibrer vos chakras posez vos mains en même temps sur deux centres énergétiques correspondants, par exemple une main sur le chakra racine et l'autre sur le chakra coronal ; ensuite une main sur le chakra sacré et l'autre sur le chakra frontal, et enfin une main sur le chakra du plexus solaire et l'autre sur le chakra de la gorge. Vous pouvez alors laisser pénétrer l'énergie du Reiki de vos deux mains dans le chakra du cœur. Les mains doivent rester entre trois et cinq minutes sur chacun des chakras. Il est merveilleux d'observer l'échange énergétique qui s'effectue ainsi entre les chakras.

Il est également intéressant de savoir quel chakra doit être rechargé en énergie vitale nouvelle, suite à certaines maladies ou à certains problèmes. Dans les chapitres sur les différents chakras, nous avons indiqué les rapports entre les organes et les chakras. Lorsque par exemple il nous arrive d'avoir un problème de foie, il nous suffit de regarder le tableau indiquant qu'énergétiquement le foie était en rapport avec le centre du plexus solaire ; il faut par conséquent en cas de maladie de foie traiter le chakra du plexus solaire – et la deuxième main peut agir directement sur le foie par le Reiki. Autre possibilité : traiter également le chakra ayant une corrélation très étroite avec le centre énergétique concerné (cf. le dessin du candélabre à sept branches) afin d'équilibrer ces deux chakras par l'énergie du Reiki. Dans la mesure où le chakra du cœur, en tant que centre du système énergétique, est relié à tous les autres chakras, nous conseillons toujours également d'équilibrer au niveau de ce chakra.

Nous arrêtons là nos explications sur le Reiki qui s'adressaient essentiellement aux adeptes de cette technique. Nous espérons que ces indications vous ont donné une petite idée de la méthode thérapeutique du Reiki. Il s'agit d'une technique que nous recommandons à tous ceux qui sont à la recherche d'une méthode simple et efficace pour acquérir une santé holistique et une harmonie intérieure.

Certains thérapeutes ont recours à d'autres moyens pour utiliser les énergies cosmiques. Dans notre civilisation, beaucoup de personnes font davantage confiance aux moyens techniques qu'aux possibilités naturelles qu'elles possèdent elles-mêmes. L'utilisation de pyramides ou d'accumulateurs d'orgones donnent de bons résultats.

Grâce à leur architecture particulière, les pyramides concentrent et font circuler les énergies cosmiques, un peu à la manière du Reiki. On peut par exemple poser des pyramides en réduction sur le corps pour canaliser certaines énergies vers certaines parties du corps. Il existe une multitude de modèles différents de pyramides, pratiquement dans tous les matériaux. Leurs dimensions correspondent, à échelle réduite, à celles de la pyramide de Kheops à Gizeh qui a un angle d'inclinaison de 51 degrés. Pour que la pyramide puisse développer tous ses effets, il faut que l'un de ses angles soit orienté exactement dans l'axe nord-sud.

Nous avons fait nous-mêmes des expériences avec des pyramides en bois, en fonte, en marbre, en argent, en cuivre, en céramique, en aluminium, en carton, en plexiglas, en verre et même en pierres précieuses. Nous avons également expérimenté des pyramides de tailles différentes. Nous avons toujours eu un faible pour les pyramides en cristal de roche, en quarz rose et en améthyste, qui nous ont donné en même temps, la possibilité de combiner le tout avec la lithothérapie. En principe, ces pyramides sont déposées sur les parties du corps où elles sont censées agir ; nous les y laissons entre 5 et 10 minutes. Les chakras réagissent très positivement aux énergies concentrées par les pyramides. Il est comme toujours conseillé d'orienter notre conscience sur l'endroit concerné.

Une découverte très récente a été faite par le chercheur Manfred Keppeler qui grâce à ses recherches et à ses calculs, a démontré que les mesures de la pyramide de Cheops donnent leurs résultats optimaux en Égypte mais elles ne les donneraient pas sous nos latitudes. Il a donc calculé ensuite l'angle d'inclinaison de la pyramide qui serait optimal pour les pays européens. Plus raide que la pyramide égyptienne, cet angle serait de 65 degrés. Keppeler démontre alors que le potentiel énergétique d'une telle pyramide serait maintes fois supérieur.

Reste à donner quelques indications sur l'accumulateur d'orgone que l'on rencontre dans les cabinets de nombreux naturopathes. Il s'agit d'une invention du psychanalyste et chercheur Wilhelm Reich (1897-1957). Vu de l'extérieur, l'accumulateur d'orgone ressemble à une armoire, mais ses parois sont composées d'une multitude de matériaux, dont le choix et l'épaisseur sont d'une grande précision. Dans ce box, sont concentrées les énergies cosmiques qui peuvent être utilisées à des fins thérapeutiques. Normalement, le patient est enfermé durant quelques minutes dans cet accumulateur où il se recharge en énergies. En même temps, ses chakras se trouvent énergétisés. Une autre méthode consiste à charger certains supports dans cet accumulateur telles que par exemple de petits morceaux d'ouate, destinés à être posés ensuite – ou collés avec du sparadrap – sur les chakras. Cette méthode a donné de bons résultats que nous avons pu contrôler par le test kinésiologique du bras.

Si l'une des méthodes décrites ci-dessus vous semble appropriée, alors testez-la tout simplement et laissez-vous surprendre par ses effets.

VOYAGE MENTAL
A TRAVERS LES CHAKRAS

Le voyage mental ou imaginaire peut aussi être considéré comme une méditation dirigée qui vous ouvre des portes vers vos propres images et vos propres expériences. Ce texte a été enregistré sur une cassette accompagnée d'une musique composée à cet effet. Vous pouvez aussi bien l'enregistrer vous-même sur une cassette ou vous le faire lire par une(e) ami(e). Il faut lire le texte lentement, entrecoupé de courtes pauses entre les différentes phrases, avec des arrêts plus prononcés chaque fois qu'il y a des points de suspension. Il est également intéressant de faire le voyage en groupe et d'échanger ensuite vos expériences.

Le texte est composé de telle sorte que vous puissiez isoler certains passages concernant les différents chakras, ce qui vous permet de vous consacrer à un centre énergétique précis. Les préliminaires concernant la respiration et l'aboutissement de cet exercice doivent, en tout cas, faire partie de ce voyage mental.

Le parfum délicat d'un diffuseur d'arômes ou d'un bâtonnet d'encens peuvent vous aider aussi bien que les vibrations des pierres précieuses. Si vous ne travaillez pas avec notre cassette, n'importe quel doux fond sonore peut également contribuer à approfondir l'expérience.

Prenez soin de ne pas être dérangé pendant toute la méditation. La pièce doit être agréablement chaude; prenez éventuellement une couverture. Allongez-vous confortablement et faites attention de ne pas croiser vos jambes pour ne pas bloquer la libre circulation des énergies. (La position du lotus est une exception.)

La méditation va provoquer une ouverture douce et une animation de vos chakras. Il est possible que ces ouvertures engendrent des réactions de guérison, que des énergies bloquées se libèrent et que des émotions ou des sensations affleurent votre conscience. Acceptez tout ce qui vous arrive sans restriction. Faites confiance à votre force intérieure de guérison. Suivez tout simplement les paroles que vous entendez. N'essayez pas de vous imaginer avec netteté les images et les sensations dont on vous parle. Ne tentez pas non plus d'interpréter intellectuellement ce texte, dont les paroles agissent au niveau de votre Essence même. Laissez monter en vous toutes les idées, pensées et émotions déclenchées automatiquement par les paroles. Prenez conscience de cette attitude intérieure chaque fois que vous partez en voyage mental.

Fermez à présent les yeux et observez votre souffle un moment. Regardez-le tout simplement, ressentez son va-et-vient sans chercher à l'influencer. A chaque respiration, vous descendez de plus en plus profondément dans un état agréable de calme et de paix intérieure...

Concentrez votre attention sur le premier centre énergétique qui s'ouvre, vers le bas, entre l'anus et les organes génitaux. Restez-y, sans intention, sans expectatives. Votre attention déclenche une animation douce du chakra-racine. Vous devez ressentir comment il se met à tourner, lentement et continuellement. Une pulsion d'énergie chaude pénètre en lui. Elle y fait naître une lumière rouge intense. Sous forme de pulsions, votre premier chakra projette ses énergies de plus en plus profondément dans votre corps. Votre sang les transporte dans toutes les cellules, les emplit d'une chaleur agréable et d'une force vitale primordiale. Vous vous abandonnez totalement à ce courant de force paisible qui s'éveille en vous...

Sentez que votre chakra-racine s'ouvre de plus en plus et qu'il fait entrer l'énergie fraîche de la terre dans votre corps. Ressentez cette énergie jusqu'à son origine, descendez de plus en plus dans la terre, jusqu'à son centre, d'où jaillit la même lumière d'un rouge intense identique à celle de votre chakra. Un courant énergétique permanent va de ce noyau de notre planète

Mère jusqu'à votre chakra-racine en traversant les différentes couches de la terre. Vous vivez la force cachée qui habite la terre...
Votre corps a été formé par cette terre, elle le nourrit et le maintient en vie. Cette même énergie a formé les paysages de notre planète, le corps des plantes, des animaux et des hommes. Ainsi êtes-vous intimement relié à la terre et à ses créatures. La force vive qui est active en elles, circule également en vous. Protégé dans le mouvement circulaire de la terre vivante, vous vous confiez entièrement à ses énergies qui protègent, nourrissent et guérissent...
De retour de ce voyage intérieur, vous restez relié à cette source inépuisable d'énergie vitale, pénétrant sans cesse en vous par le chakra-racine. Vous vivez votre vie dans le calme et la détente; vous vous emplissez de gratitude et d'amour à l'égard de cette merveilleuse planète, et de votre pays.
Tandis que cette force de la terre circule toujours en vous, amenez votre attention au niveau du deuxième centre énergétique qui se trouve à environ une largeur de main au-dessous du nombril et s'ouvre vers le devant. Constatez simplement que ce centre est sans attente, sans but. Votre attention stimule ce deuxième chakra. Vous devez ressentir un subtil mouvement rotatif, plus dynamique que ne l'était celui du centre-racine. C'est comme un tourbillon vivant d'eau tiède, comme une danse virevoltante d'énergies en mouvement perpétuel. A chaque mouvement circulaire de ce chakra, une lumière orange grandit à l'intérieur de lui. Ses vibrations s'élargissent, parcourent votre corps en mouvements rotatifs de plus en plus grands, fusionnant avec la circulation de votre sang et le courant purificateur de votre lymphe. Votre corps devient un seul courant vivant...
Cette énergie en mouvement s'étend de plus en plus, jusqu'à sortir par tous les pores de votre peau, et à vous entourer complètement. Elle vous enveloppe, vous cajole, vous porte et vous berce doucement. Vous ressentez une protection profonde et vous vous abandon-

nez à la caresse et au bercement de cette eau de la vie. Votre âme s'ouvre de plus en plus à sa force purificatrice et enrichissante. Des canaux bloqués s'ouvrent, des émotions oubliées se réveillent. De partout, la vie nouvelle pénètre en vous...

Cette eau vive s'étend de plus en plus, devient une mer dont l'eau chaude vous berce et vous transporte. Au-dessus de vous se dessine la voûte d'un ciel immense. A l'horizon se lève le soleil orange de l'aube, qui plonge le ciel et la mer dans une lumière orange-dorée. Vous avez l'impression de vous réveiller dans le premier matin d'un monde nouveau. Vous êtes la proie d'une indescriptible sensation de bonheur qui envahit toute la Création. Vous sentez que cette même vie fécondatrice de la Création vous submerge maintenant à votre tour. La vie en vous se met à circuler avec la vie dans la Création. Plein de confiance, vous vous donnez à ce courant de vie...

De retour de ce voyage, vous restez à jamais relié à la source de la vie génératrice qui est en vous. Vous êtes ouvert à la force créatrice et réceptive de la Création, au miracle de la vie qui vous entoure complètement.

Tandis que l'eau de la vie continue de vous envahir, orientez lentement votre attention vers le troisième centre énergétique qui s'ouvre vers l'avant quelques centimètres au-dessus du nombril. Arrêtez-vous un instant, sans intention, sans but. Que votre attention stimule tout en douceur le chakra du plexus solaire, et vous ressentirez votre état personnel de force. Acceptez-le tel qu'il est. Votre acceptation doit détendre le troisième chakra de mieux en mieux. Il se met alors à tourner dans une chaude énergie pleine de force. Les vibrations rotatives font naître en son centre une lumière jaune d'or, une lumière solaire. Son éclat augmente lentement comme la lumière du Soleil levant. Un rayonnement chaud émane de lui et remplit de plus en plus votre corps de sa lumière bienfaisante. Vous vous laissez gagner par une chaleur dorée. Détendu et à l'aise dans votre peau, vous vous livrez à cet éclat plein de soleil. Cette lumière va pénétrer jusqu'au fond de

votre âme, vous combler de clarté et de luminosité. Toutes les ombres disparaissent. Du centre situé au milieu de votre corps jaillit cette lumière pleine de Soleil, qui se propage dans tout votre Être jusqu'à ce que vous ne soyez que paix, force et plénitude dorée...
 Elle rayonne en dehors de votre corps, vous entoure d'un anneau de lumière vibrante et envoie son rayonnement ailleurs dans le monde. Votre troisième chakra devient un Soleil lumineux et étincellant, il devient une source de chaleur, donneur de vie, de force et de lumière...
 Une fois de retour de ce voyage, vous vivez votre vie à partir de ce centre lumineux de paix et de force, à partir de votre centre vital. La lumière qui est en vous, rayonne sur le monde et attire, sur tous les plans, plénitude et splendeur. Vous acceptez de devenir le centre lumineux des hommes, des animaux et des plantes, de tout ce qui vous entoure.
 Pendant que cette lumière chaude et ensoleillée continue de vous envahir, votre attention se déplace progressivement vers le chakra du cœur, situé au milieu de la poitrine, à hauteur du cœur et qui s'ouvre vers le devant. Constatez uniquement que ce centre est sans attente, sans but. Votre attention stimule le chakra cardiaque. Il se met à tourner en suivant les vagues douces de l'énergie en rotation. La douceur de sa vibration fait naître au fond de lui une petite lumière rose dont les contours rayonnent d'un vert lumineux. On croit y voir une fragile fleur de lumière entourée d'une couronne de feuilles vertes. En vous concentrant sur cette image, vous sentirez que la fleur commence, lentement et tout doucement à s'ouvrir de plus en plus, jusqu'à faire voir dans son centre un cœur de lumière dorée. Une vibration pleine d'amour part de la fleur de votre chakra du cœur. Elle vous entoure d'un rayonnement d'amour et d'harmonie. Vous vous sentez comme porté par des anges et enfin compris dans votre désir intime d'amour. Vous vous donnez complètement à cette douceur et à cette compréhension dans l'amour...
 Vous vous rendez compte qu'une joie profonde, un

sourire, un bonheur intime montent de ce centre doré de votre cœur. Une merveilleuse musique semble naître à cet endroit. Ses vibrations s'étendent de plus en plus dans votre corps où elles éveillent sa propre musique. Elles retentissent jusque dans votre âme qu'elles remplissent d'amour et d'harmonie. Elles comblent aussi l'espace autour de vous et rayonnent jusqu'aux profondeurs de la Création. Comme une réponse, résonne de partout une musique qui s'unit à la musique de votre cœur dans une symphonie parfaite. La porte est ouverte à un autre plan de ce monde : vous faites l'expérience que des vibrations d'amour et de joie traversent toute la création. Avec toutes les créatures vous vibrez dans cette musique de l'amour divin qui les pénètre toutes...

Une fois de retour de ce voyage, vous n'êtes jamais seul. Grâce à votre chakra du cœur, vous restez toujours relié aux cœur le plus intime de toute la création.

Tandis que la musique de votre cœur continue de vibrer en vous, laissez monter votre attention vers le centre de la gorge qui a une ouverture vers le devant et une deuxième ouverture, plus petite, vers l'arrière. (Cette deuxième ouverture fait partie d'un petit chakra secondaire qu'il faut inclure dans cette méditation.) Remarquez tout simplement que ce centre existe; n'ayez ni attentes, ni objectifs. Votre attention anime le chakra du cou. Vous sentez qu'il se met à vibrer dans une énergie circulaire infiniment subtile. La subtilité de sa fréquence fait naître à l'intérieur de lui une lumière rayonnant d'un bleu clair transparent. Il s'agit de la vibration de l'espace bleu du ciel qui vit en vous. Vous acceptez que cette vibration lumineuse vous accapare jusqu'à ce qu'elle emplisse tout votre Être...

La vie en vous devient de plus en plus lumineuse, vaste, libre et aussi illimitée que la voûte céleste. Vous accordez une place à tout ce qui existe dans votre monde intérieur et extérieur, comme le ciel infini qui accepte en lui la vie de toutes les étoiles, de toutes les planètes et de tous les soleils. Tout ce qui est en vous et en votre vie trouve sa place; certaines choses dispa-

raissent et d'autres apparaissent ; vous acceptez cette danse de la vie qui merveilleusement ne connaît pas ses limites et qui fait partie intégrante de votre Être réel...
Tout peut arriver et disparaître. Vous vous sentez bien intégré dans cette large liberté de votre conscience. Une sensation de bonheur vibre à travers vous dans cet immense espace céleste. Vous-même restez silencieux pour n'écouter que cet espace infini. Vous acceptez d'être le canal de ces messages que votre âme la plus intime reçoit...
De retour de ce voyage, vous portez en vous l'intensité lumineuse du ciel. Vous vous acceptez tel que vous êtes et vous faites circuler librement vos énergies vers l'extérieur.
Tandis que cet état non délimité plein de lumière et de clarté se prolonge en vous, faites maintenant avancer votre conscience jusqu'au centre frontal qui s'ouvre sur le devant juste au-dessus des sourcils, au milieu du front. Contemplez cet endroit, sans intention et sans but précis. Votre attention stimule le chakra du front. Vous vous rendez compte qu'il se met à vibrer dans des mouvements circulaires. Sa vibration est si subtile qu'elle est à peine perceptible. Elle crée une sensation vivante de silence. De la profondeur de ce silence monte lentement une lumière bleu indigo. Il s'agit de la lumière d'une nuit profonde dont l'intensité se perd dans l'immensité illimitée de l'espace. Pénétrez-vous de cette lumière et laissez envahir progressivement votre conscience par son paisible éclat...
Plus vous vous concentrez sur cette lumière indigo, plus profonds et subtils sont les plans des vibrations que vous captez. Cette vibration vous rend paisible, réceptif et ouvert. Vous deveniez intérieurement, de plus en plus silencieux. Vos pensées effleurent votre mental. Votre conscience s'emplit totalement des rayons paisibles de la lumière silencieuse. Vous descendez de plus en plus profondément dans le calme bleuté pour vous rapprocher de la source omniprésente de l'origine d'où rayonne cette lumière. Il s'agit ici d'un

niveau de total silence en vous, qui vous rend également silencieux et attentif. Sur ce plan paisible de l'Être, l'intuition se dirige vers vous par des images, des sons, des sensations ou des compréhensions immédiates. Vous êtes alors relié à l'intelligence cosmique; vous vous ouvrez à l'esprit universel agissant en vous et dans tout ce qui existe.

Au retour de ce voyage, vous traverserez la vie de façon plus éveillée et vous serez plus sensible à la vérité cachée derrière les apparences du monde.

Tandis que ce calme profond et réceptif continue de se répandre en vous, transférez maintenant votre attention sur le chakra coronal, s'ouvrant vers le haut, au centre de votre tête. Contemplez-le sans intention et sans but. Votre attention ouvre tout doucement ce portail. Une lumière violette vous y accueille. Vous avez l'impression d'entrer dans un lieu sacré, dans un temple de lumière violette qui est ouvert vers le plafond. Par cette ouverture pénètre une autre lumière d'un blanc éclatant qui englobe en même temps toutes les couleurs. Son abondance vous arrose comme l'eau d'une douche. Chaque pore de votre Être s'ouvre pour capter cette bénédiction jusqu'à vous envahir complètement...

Il s'agit d'une lumière hors limites et hors du temps; vous prenez enfin conscience qu'elle rayonne en vous, et dans le cœur de toute la Création depuis l'origine. Dans cette lumière parfaite, vous êtes UN avec l'Essence Divine omniprésente. Son rayonnement est éclatant et plein de musique bien que d'un silence absolu. Comme à l'instant précédant le lever du Soleil, il est d'un calme total bien qu'il contienne toute la sarabande existentielle dans sa présence infinie. Un calme silencieux règne dans cette lumière, il n'y a ni désir ni souhait. Vous êtes chez vous ici, car c'est le but de votre voyage...

Des éléments de cette lumière vont continuer de rayonner en vous, pour toujours. Acceptez que son éclat pénètre dans votre vie et dans votre monde.

Reprenez maintenant conscience de votre corps.

Respirez plusieurs fois profondément, étirez-vous jusqu'à ce que vous vous retrouviez dans l'Ici et Maintenant... Prenez votre temps avant d'ouvrir lentement les yeux...

Certains de ces événements vont continuer de vibrer en vous en modifiant votre vie. Ces changements viendront spontanément. Acceptez-les sans les forcer. Dès que vous en ressentez le désir, refaites ce voyage. Mais laissez suffisamment de temps à votre âme pour assimiler et intégrer ces expériences. Chaque fois, votre voyage sera différent. Si vous le faites régulièrement, vos expériences deviendront plus profondes encore, s'éclairciront, et se manifesteront de plus en plus dans votre vie quotidienne.

Manuel des Chakras

ÉPILOGUE ET REMERCIEMENTS

Pour traiter de façon exhaustive un sujet comme celui de ce livre, il ne suffit pas de se borner à ses propres expériences, parce que la connaissance des chakras fait partie d'une très ancienne tradition. Nous avons donc utilisé les sources les plus variées pour transmettre ce savoir à propos des chakras de manière aussi complète et pratique que possible. Certains des aspects développés dans cet ouvrage sollicitaient d'abord un contrôle approfondi avant de pouvoir être intégrés dans cet ensemble. Nous avons également volontairement limité l'usage des mots sanscrits souvent difficiles pour nous occidentaux alors que les mêmes notions peuvent être aussi bien exprimées dans notre propre langue. (NdT : L'orthographe des mots sanscrits dans la traduction française suit les indications de : Herbert/Varenne, Vocabulaire de l'Hindouisme, Éditions Dervy.

Nous remercions ici, de tout notre cœur, tous ceux qui nous ont initié à ces connaissances grâce à leurs paroles, leurs écrits et leurs conseils pratiques, et qui nous ont transmis des techniques pour transposer le savoir théorique en expériences pratiques. Nos remerciements vont également à tous les maîtres qui ont œuvré, longtemps avant nous, pour élaborer, enseigner et conserver ces connaissances si importantes aujourd'hui. Nous leur dédions ce livre.

Nous remercions tout particulièrement notre ami Klaus-Peter Hüsch, qui a réalisé les illustrations de ce livre avec beaucoup de patience, de créativité et de connaissance du sujet. Il a toujours été prêt à exaucer au mieux nos innombrables souhaits.

Nous espérons que ce livre puisse apporter à tous une aide réelle sur le chemin de leur vie.

Chakra	Yoga	Force positive	Sommeil
1ᵉʳ chakra	Hatha-yoga Kundalini yoga	Stabilisant, reliant à la terre	Sur le ventre de 10 à 12 heures de sommeil
2ᵉ chakra	Tantra-Yoga	Purifiant, déclenchant le mouvement	Position embryonnaire de 8 à 10 heures de sommeil
3ᵉ chakra	Karma-Yoga	Transformant, créatrice, purifiante	Sur le dos de 7 à 8 heures de sommeil
4ᵉ chakra	Bhakti-yoga	Ouvrant, reliant	Sur le côté gauche de 5 à 6 heures de sommeil
5ᵉ chakra	Mantra-yoga	Communiquant	Alternance entre le côté gauche et droit de 4 à 5 heures de sommeil
6ᵉ chakra	Jnana-yoga Yantra-yoga	Reconnaissant	Sommeil et sommeil paradoxal d'environ 4 heures
7ᵉ chakra		Transcendant	Uniquement du sommeil paradoxal

LES CHAKRAS ET LEURS ÉQUIVALENCES

Chakra	Dénomination	Symbole	Position	Principe	Sens	Couleur	Astrologie
1ᵉʳ chakra	Muladhara-chakra racine chakra de base centre coccygien	Lotus à quatre pétales	Entre l'anus et les organes génitaux, relié au coccyx, s'ouvre vers le bas	Conscience physique	Odorat	Rouge vif	Bélier/mars taureau scorpion/pluton capricorne/saturne (dans l'ayurveda : soleil
2ᵉ chakra	Svadhistana chakra sacré centre du sacrum	Lotus à six pétales	Dans la partie supérieure du sacrum, à la limite des poils pubiens, s'ouvre vers le devant	Reproduction créatrice de l'Essence	Goût	Orange	Cancer/lune balance/vénus scorpion/pluton
3ᵉ chakra	Manipura-chakra du plexus solaire centre du nombril (chakra de la rate), (chakra de l'estomac), (chakra du foie)	Lotus à dix pétales	Deux doigts au-dessus du nombril, s'ouvre vers le devant	Réalisation de l'Essence	Vue	Jaune jusqu'au jaune d'or	Lion/soleil sagittaire/jupiter vierge/mercure, mars

4ᵉ chakra	Anahata chakra du cœur centre cardiaque	Lotus à douze pétales	Au milieu de la poitrine (sternum), s'ouvre vers le devant	Abandon à l'Essence	Toucher	Vert, rose, or	Lion/soleil balance/venus saturne
5ᵉ chakra	Vishuddha chakra de la gorge, chakra laryngé centre de communication	Lotus à seize pétales	Entre la fosse jugulaire et le larynx, s'ouvre vers le devant	Résonance de l'Essence	Ouïe	Bleu clair	Gémeaux/ mercure mars taureau/vénus verseau/uranus
6ᵉ chakra	Ajna-chakra frontal troisième œil œil de sagesse œil interne (chakra du commandement)	Lotus à 96 pétales (2 × 48 pétales)	Un doigt au-dessus de la racine du nez, au milieu du front, environ deux doigts derrière le front s'ouvre vers le devant	Connaissance de l'Essence	Tous les sens, également sous la forme des perceptions extrasensorielles	Bleu indigo, jaune et violet	Mercure sagittaire/jupiter verseau/uranus poissons/ neptune
7ᵉ chakra	Sahasrara chakra coronal centre du sommet de la tête lotus à mille pétales	Lotus à mille pétales	Au milieu au sommet de la tête, s'ouvre vers le haut	Essence pure		Violet, blanc, or	Capricorne/ saturne poissons/ neptune

Chakras	Pierres	Élément	Corps	Glandes	Hormones	Musique	Voyelle
1er chakra	Agathe, jaspe sanguin, grenat, corail rouge, rubis	Terre	Tout ce qui est dur, colonne vertébrale, os, dents, ongles, jambes, anus, rectum, gros intestin, prostate, sang, structure cellulaire	Capsules surrénales	Adrénaline noradrénaline	Musique fortement rythmée	« u »
2e chakra	Cornaline, pierre de lune	Eau	Bassin, organes génitaux, reins, vessie, sang, lymphe, sucs gastriques, spermes	Gonades, ovaires, prostate, testicules	Œstrogéne testostérone	Musique légère (danses folkloriques, musique d'agrément)	« o » fermé
3e chakra	Œil de tigre ambre, topaze (jaune) citrine	Feu	Bas du dos, cavité abdominale, estomac, foie, rate, vésicule biliaire	Pancréas (foie)	Insuline (bile)	Rythmes de feu musique orchestrale harmonieuse	« o » ouvert

4e chakra	Kunzit, émeraude, jade (vert), tourmaline (rose), quartz rose	Air	Cœur, cage thoracique, partie intér. des poumons, sang et système de circulation du sang, peau	Thymus	Hormone du thymus (mal connu scientifiquement)	Musique classique, musique du nouvel âge, musique sacrée	« a »
5e chakra	Aigue-marine turquoise, calcédoine	Éther (akasha)	Poumons, bronches, œsophage, appareil vocal (voix), cou, nuque, machoire	Tyroïde paratyroïdes	Thyroxine tri-iodothyronine	Musique harmonique, chants harmoniques, danses sacrées et méditatives, musique du nouvel âge	« e »
6e chakra	Lapis-Lazuli, saphir bleu-indigo, sodalite		Cervelet, oreilles, nez, sinus, yeux, une partie du système nerveux, front, visage	Hypophyse	Vasopressine	Musique classique (orient et occident), musique des sphères, musique du nouvel âge	« i »
7e chakra	Améthyste, cristal de roche		Cerveau, boîte cranienne	Épiphyse (glande pinéale)	Sérotonine	Silence	« m »

Manuel des Chakras

Chakra	Son	Mantra	Nature	Arômes	Objectif	Rotation chez la femme	Rotation de l'homme
1er chakra	Do	Lam	Aurore, crépuscule, terre fraîche	Cèdre Girofle	Énergie vitale initiale, confiance, relation avec la terre et le monde matériel, stabilité, persévérance	Vers la gauche	Vers la droite
2e chakra	Ré	Vam	Lumière de la lune, eau claire	Ylang-Ylang santal	Sentiments initiaux, suivre le courant de la vie, sensualité, érotisme, créativité, étonnement et enthousiasme	Vers la droite	Vers la gauche
3e chakra	Mi	Ram	Lumière du soleil, champ de colza en fleurs, champ de blé mûr, tournesols	Lavande, romarin, bergamote	Développement de la personnalité, assimilation des sentiments et des expériences, élaboration de l'être, influence et pouvoir, force et plénitude, sagesse, grandissant grâce à l'expérience	Vers la gauche	Vers la droite

4e chakra	Fa	Yam	Nature vierge, fleurs, ciel rose	Essence de rose	Développement des qualités du cœur, amour, compassion, partage, participation par le cœur, altruisme, don de soi, guérison	Vers la droite	Vers la gauche
5e chakra	Sol	Ham	Ciel bleu, reflet du ciel dans l'eau, petites vagues	Sauge eucalyptus	Communication, expression créatrice de soi, ouverture, indépendance, inspiration, accès aux plans les plus subtils de l'être	Vers la gauche	Vers la droite
6e chakra	La	Ksham	Ciel de nuit	Menthe, jasmin	Connaissance, intuition, développement intérieur des sens, force mentale, projection de la volonté, réalisation	Vers la droite	Vers la gauche
7e chakra	Si	Om	Sommet de montagne	Olibanum, lotus	Accomplissement de soi, connaissance suprême grâce à la vision intérieure, union avec le tout, conscience universelle	Vers la gauche	Vers la droite

Voyage musical à travers les Centres d'énergie, une musique subtile ouvrant de nouvelles dimensions à la méditation.

Chakras

de Klausbernd VOLLMAR

L'ENERGIE DES CHAKRAS EXERCICES

L'action (PINGALA), l'amour (IDA) et la connaissance (SUSHUMNA) sont les bases des exercices, associant postures (inspirées du yoga), mouvements, respiration et méditation, qui vous conduiront progressivement et harmonieusement vers les Chakras activés et purifiés.

176 pages

Médecines douces

de Harish JOHARI

CHAKRAS
Centres d'Énergie de transformation

H. Johari, intellectuel indien, adepte du tantrisme, mais aussi peintre, sculpteur et compositeur, nous offre les moyens d'une expérience de croissance spirituelle. Il dévoile les mystères des centres de transformation subtils par la visualisation.

128 pages grand format

y compris un cahier détachable en quadrichromie avec représentation des Chakras.

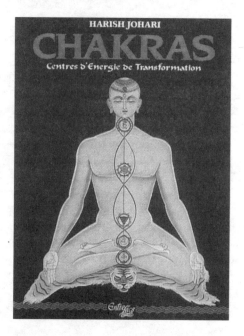

Médecine douce

d'Astrid SCHILLINGS
et Petra HINTERTHÜR

QI GONG,
Le vol de la Grue

Le plus populaire et le plus pratiqué en Chine, le livre présente cette méthode de santé de façon simple et très complète, grâce à 220 photos et 23 croquis décrivant tous les mouvements qui concourent à l'équilibre du corps et de l'esprit.

304 pages

de Hans HÖTING

Les étonnantes vertus des Boules QI GONG

Les chinois, depuis toujours, utilisent les Boules QI GONG pour prévenir et guérir nombre de maladies.

L'auteur qui a établi les bases scientifiques de l'action bienfaisante des Boules QI GONG, nous livre l'essentiel de leur bon usage.

136 pages

Astrologie - Pierres

de Shalila SHARAMON
et Bodo J. BAGINSKI

PIERRES PRECIEUSES ET SIGNES DU ZODIAQUE

Cet ouvrage, superbement illustré de 36 photos en couleurs, décrit les correspondances entre les pierres précieuses et les signes du zodiaque. Il explique comment bénéficier des aides qu'elles peuvent nous apporter et précise les relations profondes entre les pierres, les couleurs et les Chakras.

186 pages

Numérologie
d'Angelika HŒFLER

LES NOMS, LEURS SECRETS DÉVOILÉS PAR LES NOMBRES

« Déterminé » bien avant la naissance le nom d'un enfant s'impose spirituellement aux parents : Il reflète le Karma.

10 ans de travail sur les clés numérologiques et cabalistiques permettent à l'auteur de répondre à un ensemble de questions concernant notre destin, nos motivations, nos opportunités professionnelles et sentimentales : Le sens de notre vie.

240 pages

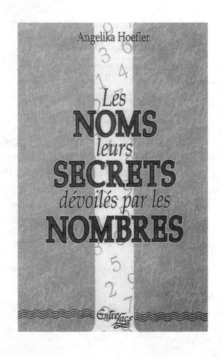

Médecine douce

de Paula HORAN

REIKI
soigner, se soigner

Soigner, se soigner en comprenant comment les mains peuvent canaliser l'énergie vitale, selon une méthode que le Dr. Mikao Usui retrouva en étudiant les textes sanscrits des Sutras Tibétains

Ce livre est un manuel pratique illustré de nombreuses photos décrivant la position des mains.

216 pages

de Brigitte ZIEGLER

L'expérience temporelle et spirituelle du
REIKI

L'auteur, Maître Reiki, nous explique comment la pratique du Reiki ne se limite pas à soigner les affections physiques mais développe un processus de transformation spirituelle.

Cette ouvrage complète parfaitement le livre de Paula Horan, "Reiki, soigner, se soigner"

162 pages

ISBN 2-85327-058-0

Médecines douces

de Stephan Schulte

Votre développement énergétique par le
REIKI
RECOMMANDATIONS, PRÉCAUTIONS, EXERCICES

La notoriété du Reiki allant croissant, on doit se féliciter de l'initiative de Stephan Schulte, lui-même Maître Reiki, de cette présentation, très importante pour tous les pratiquants et futurs pratiquants, de ce qu'il faut faire ou ne pas faire.

168 pages

de Walter LÜBECK

REIKI ARC-EN-CIEL

Nouvelles techniques appliquées à l'extension de l'univers du Reiki et au développement spirituel

Le Reiki Arc-en-Ciel ajoute au système du Dr Usui un ensemble de techniques efficaces pour accroître le travail énergétique et agir directement sur les corps éthériques. W. Lûbeck fait aussi appel à la fabrication d'essences élaborées pour la pratique du Reiki, au travail dirigé sur l'aura et les Chakras et à la création de nouveaux centres d'énergie au moyen de Mandalas Reiki.

216 pages

Maquette couverture : « L'Image Tous Supports »
83670 Barjols
Illustrations intérieures :
Klaus-Peter Hüsch

Achevé d'imprimer
sur les presses
de MAME IMPRIMEURS, à Tours
N° d'impression : 02022102
Dépôt légal : février 2002